Rodrigo Mesquita

EMPRÉSTIMOS LINGUÍSTICOS DO PORTUGUÊS EM AKWÊ-XERENTE

Conselho Editorial

Profa. Dra. Andrea Domingues
Prof. Dr. Antonio Cesar Galhardi
Profa. Dra. Benedita Cássia Sant'anna
Prof. Dr. Carlos Bauer
Profa. Dra. Cristianne Famer Rocha
Prof. Dr. Fábio Régio Bento
Prof. Dr. José Ricardo Caetano Costa
Prof. Dr. Luiz Fernando Gomes
Profa. Dra. Milena Fernandes Oliveira
Prof. Dr. Ricardo André Ferreira Martins
Prof. Dr. Romualdo Dias
Profa. Dra. Thelma Lessa
Prof. Dr. Victor Hugo Veppo Burgardt

PACO EDITORIAL
Av. Carlos Salles Block, 658
Ed. Altos do Anhangabaú, 2° Andar, Sala 21
Anhangabaú - Jundiaí-SP - 13208-100
11 4521-6315 | 2449-0740
contato@editorialpaco.com.br

©2014 Rodrigo Mesquita
Direitos desta edição adquiridos pela Paco Editorial. Nenhuma parte desta obra pode ser apropriada e estocada em sistema de banco de dados ou processo similar, em qualquer forma ou meio, seja eletrônico, de fotocópia, gravação, etc., sem a permissão da editora e/ou autor.

M5622 Mesquita, Rodrigo.
Empréstimos Linguísticos do Português em Akwẽ - Xerente/Rodrigo Mesquita. Jundiaí, Paco Editorial: 2014.

156 p. Inclui bibliografia.

ISBN: 978-85-8148-319-1

1. Akwẽ-Xerente 2. Indígenas 3. Português 4. Empréstimos
I. Mesquita, Rodrigo.

CDD: 306.44

Índices para catálogo sistemático:
Sociolinguística   306.44
Intercâmbio Cultural   303.482

IMPRESSO NO BRASIL
PRINTED IN BRAZIL
Foi feito Depósito Legal

SUMÁRIO

Abreviaturas..5
Introdução..7

CAPÍTULO I

Os Xerente Akwẽ: Assim Vive um Povo.........................15
1. Breve história Xerente...15
2. O povo Xerente hoje...17
2.1 O fator demográfico e a saúde indígena................17
2.2 A dispersão interna: multiplicação das aldeias.......18
2.3 A dispersão externa: migração para a cidade.........19
2.4 A educação 21
2.5 O meio ambiente, a língua e a cultura: mais conflitos.........24

CAPÍTULO II

Aportes Teóricos..29
1. O contato entre línguas...29
2. A condição bilíngue..32
3. A língua ameaçada..34
4. Empréstimos linguísticos...37
4.1 Empréstimos e ampliação do léxico.......................40
4.2 Empréstimos massivos...43

CAPÍTULO III

Tipologia e Propriedades Linguísticas dos Empréstimos em Xerente Akwẽ (Jê)..47
1. Aspectos fonético/fonológicos da língua xerente....48
2. Considerações sobre a morfologia da língua xerente..........49
3. Empréstimos por criação...52
3.1 Criação por metáfora..54
3.2 Termos de classe..56
3.3 Características fonético/fonológicas e morfológicas dos empréstimos por criação..58

3.3.1 Combinações morfológicas possíveis...........................58
3.3.2 Formas complexas...65
4. Loanblends...67
4.1 Aspectos fonético/fonológicos dos loanblends..................69
4.2 Morfologia dos loanblends..71
5. Empréstimos com adaptação fonético/fonológica............77
6. Empréstimos diretos...88

CAPÍTULO IV
As Variáveis Extralinguísticas...91
1. Espaço...92
2. Idade e Sexo...105
3. Escolaridade...122

Considerações Finais..141
Referências..147

Abreviaturas[1]

ADV = Advérbio
CL = Consoante de Ligação
CLAS = Classificador
CONJ = Conjunção
DAT = Dativo
DIM = Diminutivo
DU = Dual
ENF = Enfático
F = Sexo Feminino
FE = Faixa Etária
FUCMF = Forma Utilizada com mais Frequência
FUT = Tempo Futuro
L1 = Primeira Língua (Xerente)
L2 = Segunda Língua (Português)
M = Sexo Masculino
N = Nome
NE = Nível de Escolaridade
NMZ = Nominalizador
PL = Plural
POSP = Posposição
PP = Pronome Pessoal
PRN = Pronome
PRED = Predicativo
PRPS = Propósito
REF = Reflexiva (partícula)
TC = Termo de Classe
V = Verbo
VL = Vogal de Ligação
1 = Primeira Pessoa do Singular
2 = Segunda Pessoa do Singular
3 = Terceira Pessoa do Singular

---

1. As abreviaturas usadas neste estudo foram mantidas como em Sousa Filho (2007), a fim de homogeneizar os estudos da língua xerente.

Introdução

Este livro está relacionado ao estudo de línguas indígenas, o qual tem envolvido o empenho de pesquisadores linguistas e/ou antropólogos com o intuito de contribuir para a vitalização dessas línguas e culturas minoritárias. Na literatura, há vários relatos de línguas e famílias linguísticas que foram extintas por motivos diversos (sobre o assunto, veja Câmara Jr., 1977 e Rodrigues, 1993). Este livro parte do julgamento de que essas pesquisas são de extrema importância na tentativa de abrir e buscar caminho para projetos e ações de afirmação das línguas indígenas brasileiras, em colaboração com seus povos.

Vários são os argumentos validando a significação da perda de línguas indígenas (Rodrigues, 1993; Hale, 1992; Krauss, 1992; Crystal, 2000 apud Braggio, 2005a). Para Albó (1999), a perda de uma língua é equivalente à "morte" de um povo, tendo em vista que todo o universo representativo de uma cultura singular deixa de existir, levando assim as suas particularidades, ou seja, uma forma única de enxergar e categorizar o mundo que os rodeia.

Os fatores que levam à extinção de uma língua são inúmeros (Braggio, 2000, 2002 e 2005a) e, em cada caso, se manifestam de formas diferentes dependendo da realidade de cada povo. Quando se pretende elaborar projetos de (re)vitalização, o conhecimento desses fatores é imprescindível, já que

> muitas vezes o que aparece na superfície de uma dada situação sociolinguística pode ser apenas a ponta de um *iceberg* que se ancora em raízes mais profundas, oriundas do contexto socioeconômico, político, ideológico e histórico, que levam uma língua à extinção e morte. (Braggio, 2005a, p. 166)

A pesquisa que norteia este livro é de cunho sociolinguístico, por acreditar que estudos dessa natureza são o ponto de partida para determinar como se dá o processo de deslocamento de uma língua falada por uma minoria (a língua indígena), a partir do contato sociocultural e consequentemente linguístico com outro povo de cultura divergente (os não índios) e que detém a língua considerada oficial e majoritária.

Desse contato – quando se dá de forma assimétrica – emerge uma situação em que uma língua é dominante e de prestígio, enquanto a outra é dominada e estigmatizada. Nesse sentido, os empréstimos lexicais massivos feitos pelas línguas minoritárias de línguas dominantes, nesse tipo de contexto, podem ser considerados como potenciais indícios de desvitalização dessas línguas e também da cultura dos povos que as falam (Braggio, 2008).

O povo Xerente, ou Akwẽ[2] (como se autodenominam), assim como a língua que falam – de mesmo nome –, está entre os grupos tidos como minoritários. Atualmente, este povo habita o estado do Tocantins, região norte do Brasil, e soma uma população aproximada de 3.600 pessoas, distribuídas em 56 aldeias dentro das terras indígenas Xerente e Funil, devidamente demarcadas. A observação de como se dão os empréstimos do português para a língua xerente é o foco deste estudo.

Assim, neste livro pretendemos descrever e analisar os empréstimos da língua portuguesa (doravante L2)[3] para a língua xerente (doravante L1), na linguagem oral dos falantes indígenas. Partindo da constatação de Braggio (2005b) acerca da existência de empréstimos na língua xerente e de que estes ocorrem de formas diferentes, pretendo aqui observar como estes empréstimos se dão em seus aspectos linguísticos e extralinguísticos.

Para tanto, procuro responder às seguintes perguntas:

---

2. O nome "Xerente" lhes foi atribuído por não índios, objetivando sua diferenciação dos demais grupos indígenas, principalmente dos Xavante.
3. Embora já existam alguns casos de crianças Xerente que têm como primeira língua o português (veja Braggio, 1997), em geral, a primeira língua adquirida (língua materna) é o Xerente (daqui em diante L1), e o português (ou L2), adquirido posteriormente na escola e no contato com os não índios.

- Dada uma prévia descrição e análise dos empréstimos da língua portuguesa (L2) para a língua xerente (L1), através de itens lexicais divididos em campos semânticos relevantes, como esse fenômeno se dá?

- Quais são os aspectos linguísticos dos empréstimos de L2 para L1, ou seja, como isso se dá dentro da própria língua, fonológica e morfologicamente?

- Quais as variáveis extralinguísticas que atuam no processo de adoção de empréstimos de L2 para L1 e quais as possíveis correlações entre estas variáveis?

- Qual(is) dessas variáveis é(são) mais relevante(s)?

- Os empréstimos utilizados pelos Xerente apontam para o enriquecimento lexical ou podem ser considerados um processo de obsolescência da língua indígena?

De forma específica, tenho como objetivo contribuir para a área da sociolinguística com o estudo dos empréstimos em situação de contato linguístico e sociocultural. Somado a isso, busco refletir com o próprio povo Xerente acerca do fenômeno estudado e, assim, contribuir para a educação escolar indígena e a vitalização da língua.

Este estudo inseriu-se dentro do Projeto Línguas Indígenas Brasileiras Ameaçadas: Documentação (análise e descrição) e Tipologias Sociolinguísticas – LIBA, que foi elaborado e coordenado pela Profa. Dra. Silvia Lucia Bigonjal Braggio.

O referencial teórico que norteou essa pesquisa em cada passo e nas conclusões apresentadas conta principalmente com autores que analisam o fenômeno linguístico a partir da situação de contato assimétrico entre povos de cultura e língua minoritárias com sociedades majoritárias, nos mais diversos contextos. Entre estes autores estão Grosjean (1982), Albó (1988, 1999), Hamel (1988), McMahon (1994), Romaine (1995) e Nettle & Romaine (2000), entre outros. Tais estudiosos buscam trazer à luz, de uma forma geral, as razões pelas quais alguns grupos, em contexto de bilinguismo, conseguem manter sua língua materna, ainda que em posição assimétrica, enquanto outros não resistem às pressões externas, chegando à situação de morte da língua indígena.

Alguns estudos sobre a língua xerente Akwẽ também compõem a base teórica deste trabalho. Entre os estudos de natureza linguística estão os trabalhos realizados pelos pesquisadores do LIBA (Braggio, 2003-2008; Sousa Filho, 2003-2008; Siqueira, 2003; Vieira, 2005; Grannier & Souza, 2005; Mesquita, 2006; Souza, 2008) e o de Mattos (1973), que realizou o primeiro estudo descritivo, acerca da fonologia da língua xerente, propondo assim a ortografia que ainda hoje é utilizada nas escolas indígenas no processo de alfabetização. A ortografia da língua proposta por Mattos (1973) também foi utilizada mais tarde no dicionário escolar Xerente-Português-Xerente, de Krieger & Krieger (1994), o único publicado até então, e que já traz algumas observações preliminares acerca de elementos gramaticais da língua. Os estudos de Braggio (1992, 1997, 2000, 2002, 2003a, 2003b, 2005a, 2005b, 2006 e 2008) e Sousa Filho (2000) ajudaram a compreender a realidade sociolinguística dos Xerente.

Entre os estudos etnográficos, de grande importância para a compreensão do processo de mudança da língua xerente, pude contar com os trabalhos de Nimuendajú (1942), que esteve entre os Xerente a partir de 1930 e de Maybury-Lewis (1965), que registra listas de palavras xerente e agrega ainda outras listas coletadas por Martius (1866 apud Maybury-Lewis, 1965). Os trabalhos de Farias (1990), Lunardi (1997), Lopes da Silva & Farias (2000) e Luz (2005, 2007), de natureza antropológica, colaboram para a compreensão da organização social e o modo de vida peculiar dos Xerente.

Na tentativa de buscar respostas para as questões propostas anteriormente, optei pela pesquisa quantitativa, dado o objeto de estudo e os objetivos propostos, no sentimento de tornar mais representativos os dados e conclusões sobre a forma como se dão os empréstimos e as variáveis extralinguísticas que neles atuam. No refinamento, os dados coletados foram submetidos a uma análise de conteúdo para que pudessem trazer à luz os aspectos fonético/fonológicos e morfológicos dos empréstimos de L2 para L1, ou seja, como o fenômeno se dá dentro da estrutura da própria língua.

O trabalho de campo envolveu métodos de coleta sistemática de dados linguísticos, através de observações e anotações em diário de campo e trabalhos com auxiliares de pesquisa para aplicação de listas de palavras divididas em campos semânticos, respondidas na forma oral, gravadas, que, devidamente transcritas, orientaram a coleta e análise de dados acerca dos empréstimos de L2 para L1 e sua relação com a vitalização ou deslocamento da língua indígena.

Os itens lexicais selecionados para compor as listas totalizam 169 itens na tentativa de representar os "novos" elementos que foram introduzidos na língua indígena. Neste sentido, foram selecionadas palavras que circundam semanticamente as ideias de I) veículos e transportes; II) ferramentas e armas; III) objetos e utensílios domésticos; IV) roupas e acessórios; V) comidas e bebidas; VI) medicina ocidental; VII) escola e VIII) esportes. Essas palavras, de uso cotidiano dos Xerente, apresentaram uma maior probabilidade de encontrar os empréstimos, já que é nelas que se observa com maior frequência os indícios do contato entre as duas línguas, Português e Xerente Akwẽ.

O trabalho de campo que gerou os dados divulgados neste livro foi realizado de 2005 a 2007, alternando entre as aldeias Traíra e São José, e a cidade de Tocantínia. Em ocasiões específicas, pude ainda conhecer várias outras aldeias. No entanto, o foco, para fins de amostragem, manteve-se nos falantes que habitam as duas aldeias citadas, assim como nos indígenas que vivem em Tocantínia, a cidade mais próxima. Em ambos os espaços, todos os Xerente são bilíngues em Xerente Akwẽ-Português.

Nas idas a campo, pude observar o fenômeno do empréstimo no contexto natural da língua em seu uso cotidiano, ponto que considero de extrema importância na coleta de dados. Para Hamel (1988, p. 60), este procedimento torna os resultados mais confiáveis, especialmente em situações de conflito linguístico.

Ainda durante o trabalho de coleta de dados, pude contar com o apoio dos auxiliares de pesquisa Bonfim Sirnãzê, Maurício Sirõne e Selma Xerente, que abriram a mim as portas da comunidade Xerente, onde fui recebido sempre com grande alegria e prontidão. Foi principalmente através deles que pude conhecer as pessoas que colaboraram com nosso estudo.

O corpus que compõe esse livro contou com a participação de 59 falantes indígenas, sendo que 40 vivem nas aldeias Traíra e São José e outros 19 moram em Tocantínia. Na aldeia Traíra vivem efetivamente[4] 5 famílias, totalizando 27 índios, homens e mulheres, em todas as faixas etárias. Na aldeia São José, há também um total 5 famílias, somando 21 pessoas. Considerando que foram excluídas da amostragem apenas as crianças menores de 7 anos, pude contar com a participação de 100% dos habitantes das duas aldeias. Para efeito de quantificação dos dados, foram somados os habitantes das aldeias Traíra e São José, sem distinção entre elas, por não perceber diferença relevante nos dados de ambas e para uma melhor composição numérica das células sociolinguísticas. Em Tocantínia viviam, em 2009, cerca de 300 Xerente, distribuídos em torno de 50 famílias[5]. Embora

---

4. Estou considerando aqui a quantidade real de pessoas que viviam, durante o período de registro dos dados, nas aldeias visitadas. O que acontece é que várias pessoas ou mesmo famílias inteiras migram para a cidade, mas continuam com um vínculo afetivo com as outras que deixaram na aldeia de onde partiram. Assim, não é difícil encontrar algum Xerente que vive na cidade, mas diz pertencer a esta ou aquela aldeia. Da mesma forma, também nas aldeias, os que ali vivem afirmam que fulano está na cidade, mas "pertence" àquela aldeia.

5. Não há dados precisos, tanto em 2009 como em 2014, a respeito da fração da população Xerente que vive em Tocantínia.

a amostragem na cidade não tenha abarcado uma quantidade representativa de falantes em todas as faixas etárias e nos diferentes sexos, pude utilizar estes dados pelo menos nas células sociolinguísticas que continham, no mínimo, 5 falantes. Procurei, no entanto, trabalhar com colaboradores de ambos os sexos e de quatro faixas etárias:

1) até 10 anos (crianças);
2) de 11 a 20 anos (+ jovens);
3) de 21 a 49 anos (+- jovens); e
4) 50 anos ou mais (velhos).

À proposta de Braggio (2005b) que, para fins de pesquisa linguística, dividiu os Xerente em três gerações, acrescentei a primeira, ou seja, das crianças com até 10 anos de idade, para uma compreensão do fenômeno do empréstimo em uma maior dimensão. Isso porque são justamente essas crianças os futuros falantes das próximas gerações, e dependem deles o que será transmitido a elas, cultural e linguisticamente.

Além da idade, procurei inicialmente trabalhar com outras variáveis sociolinguísticas, tais como sexo, espaço e escolaridade, que mais tarde foram refinadas, ou pela relevância ou pela disponibilidade dos dados.

Os dados foram gravados com equipamento digital, em arquivos no formato MP3. Como as gravações foram feitas em locais diversos, tanto na aldeia como na cidade, alguns arquivos apresentaram dificuldades para a transcrição, devido às interferências sonoras provocadas pelo vento, barulho das crianças, automóveis e animais, entre outros. Todo o material foi transcrito foneticamente e, para tanto, foram utilizados os símbolos do IPA – Alfabeto Fonético Internacional.

CAPÍTULO I

Os Xerente Akwẽ: Assim Vive um Povo...

O povo indígena Xerente Akwẽ soma, atualmente, por volta de 3600 indivíduos que falam uma língua de mesmo nome, da família linguística Jê, tronco Macro Jê (Rodrigues, 1986). Sua área indígena encontra-se no estado do Tocantins, a aproximadamente 80km da capital Palmas. Ali estão distribuídos em 63 aldeias[6], além de parte da população (aproximadamente 10%) que vive no centro urbano de Tocantínia, a cidade mais próxima. A seguir, buscamos expor aspectos relevantes do atual contexto sócio-histórico-econômico do povo Xerente e abrir um diálogo com autores que tratam a questão de línguas minoritárias em situação de contato assimétrico.

1. Breve história Xerente

O povo Xerente Akwẽ, historicamente, teve suas populações drasticamente reduzidas, como os povos indígenas em geral, devido a fatores diversos como as frentes de expansão colonizadoras do século XVIII e as políticas indigenistas do Estado. Localizados principalmente à margem direita do Rio Tocantins, nas coordenadas 09°33'49" de latitude e 48°22'36" de longitude oeste, os Xerente somavam, em 1851, 2.139 indivíduos. Em 1900, somavam 1.360; em 1929, 800, chegando a registrar apenas 350 pessoas em 1957 (Ribeiro, 1982 apud Guimarães, 1996).

---
6. Em 2009, eram 56 aldeias.

Segundo Farias (1990), os primeiros registros sobre os Xerente dizem respeito aos conflitos com garimpeiros vindos do sul, quando ainda não havia distinção clara com os Xavantes, outro grupo Jê, ainda na primeira metade do século XIX.

O termo "Jê" designa uma família linguística, ou seja, grupos aparentados linguística e culturalmente. Os povos Jê, da região central do Brasil, são considerados como os habitantes tradicionais dos campos cerrados, embora atualmente alguns grupos vivam na floresta, para onde foram empurrados pelas pressões da expansão da fronteira nacional, já há mais de um século. Além dos Akwẽ (Xerente e Xavante), também os Timbira (Canela, Apinayé, Krahó, Gavião e Krikatí) e os Kayapó (Gorotíre, Txukahamãe, Kuben-kran-kegn, Kuben-kragnotire, Diore e Xikrin) são considerados Jê, entre outros (Nimuendajú, 1942; Rodrigues, 1986).

Da mesma forma como ocorreu com a maioria dos outros povos Jê, os últimos dois séculos foram marcados pelo desgaste da sociedade indígena Xerente, que viveu e vive sob a pressão do contato com os não índios, assistindo à expansão da sociedade majoritária e dominante, inversamente proporcional ao ordenamento sociocultural e político daquele povo.

Durante o século XX, foi bastante difícil a sobrevivência dos Xerente, principalmente pela convivência com posseiros e fazendeiros que ocupavam (e ocupam[?]) parte do território tradicional. Nimuendajú (1942), na década de 40, já chamava a atenção para as péssimas condições de vida da população xerente. Maybury-Lewis (apud Farias, 1990), durante sua convivência com os Xerente na década de 50, mencionou conflitos envolvendo fazendeiros, políticos locais e indígenas. Tais conflitos também nos foram relatados, ainda recentemente, durante nossa pesquisa de campo.

Os Xerente habitam, até a presente data, duas áreas demarcadas pelo Estado brasileiro, como território de posse. A primeira foi demarcada em 1972, com 167.542 hectares, denominada

Terra Indígena Xerente. A segunda área foi demarcada em 1988, denominada Terra Indígena Funil, com 15.703 hectares.

2. O povo Xerente hoje

2.1 O fator demográfico e a saúde indígena

O pastor batista Rinaldo de Mattos, condutor do trabalho missionário junto aos Xerente desde 1959, afirmou ao pesquisador Francisco Carlos em 1999 (Oliveira-Reis, 2000) que a demarcação das Terras Indígenas foi o fato que mais levantou o moral dos Xerente, e permitiu o crescimento populacional, porque, até então, eles viviam resignados com a ideia de que a extinção do grupo era inevitável.

Na perspectiva de Luz (2005), após uma considerável melhoria na qualidade de vida dos Xerente, devido principalmente às ações afirmativas em relação à assistência à saúde indígena, houve uma recuperação demográfica do grupo, que soma hoje, como dito, aproximadamente 3.600 indivíduos.

A recuperação demográfica do grupo xerente, apesar de representar um fator positivo para a vitalização da língua xerente em si e das línguas faladas por minorias de uma forma geral não é suficiente para resolver todos os problemas que este povo tem enfrentado. A própria melhoria em relação à saúde dos indígenas, por exemplo, está longe de atender a um patamar satisfatório, que dê conta de atender a *todos,* nas suas mais diversas necessidades. Problemas como alcoolismo e desnutrição são facilmente visíveis tanto nas aldeias quanto na cidade e estão intimamente ligados à má administração das unidades de saúde locais, onde há queixas relativas à falta de médicos e instabilidade de funcionários. Segundo o então chefe local da FUNASA, em conversa informal em 2007, o problema com a saúde está na falta de planejamento dos órgãos governamentais supriores, uma vez que os recursos são enviados para fins desnecessários e, onde realmente há necessidade, não há recurso financeiro. Assim, a situação dos postos de saúde[7] que atendem os índios xerente é precária, há falta de comunicação[8] em um terço das aldeias e há demora para implantação de infraestrutura básica nas aldeias novas (poço artesiano, rádio, escola, posto de saúde, etc). Aliado a estes fatores, ainda há falta de comprometimento dos próprios agentes de saúde indígenas, responsáveis por suas aldeias.

2.2 A dispersão interna: multiplicação das aldeias

A criação de "cargos" internos nas aldeias pelas unidades governamentais, como os de agente de saúde, agente ambiental e professor, parece ser mais um motivo de outro fato relevante ocorrido entre os Xerente: a dispersão dentro da própria área indígena e para fora dela. Acontece que, quando uma nova aldeia é criada, estes "cargos", que são remunerados, precisam ser preenchidos, despertando assim o interesse de alguns.

A dispersão interna é apontada por Braggio desde seus primeiros estudos junto ao povo Xerente e tem a ver principalmente com conflitos internos, por divergência de opiniões entre as lideranças em relação a assuntos como a construção de uma estrada que corta a reserva e de uma barragem dentro da área indígena. Dessa forma, quando uma pessoa ou família tem conflito com outra dentro de determinada aldeia, pelos motivos anteriores ou por outro motivo qualquer, muda-se para outra ou constitui uma nova. O chefe da família acaba se tornando o cacique. Atualmente, há um total de 63 aldeias e, portanto, 63 caciques, números que vêm crescendo constantemente. Como observa Braggio (2008), eram apenas 3 grandes aldeias em 1988.

---

7. Existe um posto de saúde destinado aos indígenas em Tocantínia, denominado Polo-base Xerente, além dos hospitais em Miracema e Palmas, para onde os casos mais graves são encaminhados.
8. A comunicação entre as aldeias é feita por rádio, que é alimentado por uma bateria, por sua vez energizada por placas solares.

2.3 A dispersão externa: migração para a cidade

No que diz respeito à dispersão externa, a migração para a cidade é uma realidade entre os Xerente. Em 2009, cerca de 250 a 300 indígenas habitavam o centro urbano de Tocantínia, além de grande parte da população que a frequenta semanalmente, para fazer compras, negociar artesanato ou visitar parentes. Neste contexto, conforme Mesquita (2006), jovens que ali chegam para trabalhar e/ou estudar (principalmente este último motivo), assim como os pais e parentes que os acompanham, submetem-se a dificuldades diversas num contexto de conflito interétnico, de assimetria política e econômica. Uma análise das atitudes e usos linguísticos do povo Xerente que vive em Tocantínia, com relação às línguas que usam no seu cotidiano – a língua nativa e o português –, permitiu-me observar então situações distintas que apontam ora para a vitalização da língua, ora para seu deslocamento. Por um lado, um conflito diglóssico[9] pôde ser identificado quanto à preferência pela leitura e escrita na língua portuguesa – práticas tradicionalmente ligadas à língua dominante –, enquanto, por outro lado, o prestígio da língua xerente akwẽ está

---

9. Braggio (1998), citando Coelho da Mota (1996), aponta para a visão sócio--histórica de diglossia em que a existência do contato linguístico supõe o contato social. Este se dá em situações de comunicação diversas que, por sua vez, englobam relações sociais, políticas e culturais também diversificadas e que condicionam as relações linguísticas. A noção de diglossia, assim, quando aplicada a povos minoritários, como os indígenas, aponta para uma situação de dependência, estabelecida sócio-historicamente em que uma língua se impõe sobre a outra, geralmente a majoritária (a língua oficial) sobre a minoritária (a indígena), uma vez que estamos falando de grupos com relação assimétrica, com configurações de poder político desiguais (Braggio, op. cit.). Neste sentido, Hamel (1988, p. 52) afirma que "la diglossia, por tanto, se refiere a una relación de poder entre grupos sociales..." onde "...la institucionalización y legitimación de una lengua (y un discurso) en un âmbito determinado se da en virtud del poder que dispone el grupo lingüístico en questión". Para mais detalhes sobre a noção de diglossia, veja Grosjean (1982), Braggio (1998, 2001/2002) e Hamel (1988).

na linguagem oral, amplamente usada entre 100% dos falantes nativos, quando falam entre si. Apesar desse prestígio do Xerente na linguagem oral, confirmamos uma situação conflitante já levantada por Braggio (2005), em que grande parte da população mais jovem que vive na cidade declarou não entender ou ter dificuldades para entender a língua que os mais velhos falam. Desta forma, pudemos entender este fato como mais um indício de uma *mudança muito rápida na língua*, que vem acontecendo de geração a geração e que, segundo Braggio (2005a, 2005b), é um fator negativo na vitalidade das línguas indígenas.

Como afirma Oliveira (2000), a migração de grupos indígenas é uma realidade e vem ocorrendo em várias partes do Brasil. Trata-se de um processo de urbanização dos grupos indígenas que resulta nas chamadas "aldeias urbanas" (Baines, 2001). Os motivos e consequências que levam a esta prática são variados entre as diferentes etnias, porém, algo é certo e tem ocorrido na grande maioria dos casos: ao se instalarem na cidade, os povos indígenas são discriminados e mantidos à margem da sociedade. Com o povo **Xerente Akwẽ** não tem sido diferente, ou seja, os 3.600 indivíduos que somam, aproximadamente, 10% da população total, vivem nessas condições. Observando a demografia do grupo em particular e a demografia total do município de Tocantínia (de 6.663 habitantes[10]), constatamos uma paridade demográfica que, porém, não acontece no contexto específico do perímetro urbano, onde a sociedade xerente ainda é minoria.

Na cidade, somam em torno de 50 famílias distribuídas em aproximadamente 30 casas – há casas com mais de uma família – que se dispõem espalhadas em várias partes de Tocantínia, algumas em pequenos aglomeramentos de cinco ou seis casas, localizados em regiões mais periféricas. Conforme Mesquita (2006), isso demonstra a intenção por viverem mais próximos

---

10. Fonte: IBGE – Estimativas – Contagem da População 2007. Página visitada em 14 de novembro de 2007.

uns dos outros, como assinala Bonfim Xerente, (em julho de 2005, registrado em diário de campo), "nós Xerente, nós queremos viver assim, mais próximo um do outro". Porém, completa Bonfim "o problema é que não tem como conseguir de ser próximo, por causa do aluguel...".

2.4 A educação

A maior parte das aldeias xerente (cerca de 80%) conta com escolas, onde há uma proposta de alfabetização bilíngue Xerente-Português. Os professores nestas escolas são indígenas, em sua maioria, que participaram dos Cursos de Formação dos Professores Indígenas do Estado do Tocantins, a partir de 1991[11]. Nestas escolas, os alunos são orientados até a 4ª série (ou como se classifica atualmente, 5º ano da primeira fase do ensino fundamental). Se pretenderem continuar estudando, têm a opção do CEMIX ou precisam ir estudar na cidade. O CEMIX – Centro de Ensino Médio Indígena Xerente foi inaugurado no dia 6 de maio de 2006 e é mantido com recursos da SEDUC – Secretaria de Educação do Estado do Tocantins e do Governo Federal.

O Warã (como os próprios Xerente costumam denominá-lo) é uma unidade escolar localizada dentro da área indígena xerente, que oferece vagas a partir de quinta série (ou sexto ano) até a conclusão do ensino médio. Em 2007, um ano após sua

---

[11]. Os projetos (Teixeira; Braggio; Poleck; Taveira, 1992 e Braggio, 1998a) objetivavam a capacitação dos próprios indígenas a serem professores de suas etnias (além dos Xerente, outras etnias do estado do Tocantins também participaram dos programas), iniciando-se o processo de alfabetização na língua indígena, como primeira língua adquirida pela criança. Os projetos diferenciaram-se dos demais por primar pela abordagem sociopsicolinguística dialógica, onde o diálogo, o uso do contexto e do discurso nas suas diversas funções, a significação social e a língua escrita como prática social, redimensionou o papel do professor e incentivou estes, juntamente com seus alunos, a produzirem seus próprios materiais escritos.

inauguração, o colégio tinha 230 matrículas registradas. No entanto, segundo dados da diretoria, aproximadamente 170 alunos frequentavam efetivamente as aulas. Nesta data, o CEMIX contava com apenas dois professores indígenas, que se revezavam entre as disciplinas Educação Física e Arte/Cultura. Há também aulas de língua xerente, que, contudo, não era considerada como uma disciplina[12]. As demais disciplinas eram então ministradas por professores não índios.

Em Tocantínia há três escolas, todas com alunos xerente matriculados. Em 2006, havia aproximadamente 150 pessoas entre crianças e jovens xerente – a parte mais representativa da população indígena em Tocantínia – matriculadas, frequentando todas as séries escolares. Não há como precisar o índice de desistência, pois, como fui informado nas secretarias das escolas, estas não costumam considerar os alunos indígenas como desistentes, porque é normal que voltem para a escola mesmo depois de faltarem por mais de um mês. Vale lembrar que nestas escolas a alfabetização se dá somente em português, e não há ensino diferenciado para os Xerente. Havia ainda, em 2009, cinco estudantes akwẽ fazendo cursos superiores, sendo três em Palmas, um em Miracema e um em Araguaína.

Além de não contarem com escolas a partir da quinta série (ou sexto ano, na grade atual) nas aldeias, ainda há um conflito entre pais, lideranças e professores, que divergem nas opiniões quanto à língua da alfabetização, como podemos ver em Braggio (2005, p. 178):

> A atitude de pais e lideranças com relação à língua da alfabetização nos mostra uma política de língua que vem emergindo no seio da comunidade, diversa da acadêmica e da oficial, que parece estar intrinsecamente relacionada à

---

12. Atualmente, a grade curricular já incluiu essa disciplina e vem sendo reformulada constantemente.

necessidade que eles têm de se apropriar da língua portuguesa, oral e escrita, para dialogar, no mesmo pé de igualdade, com "as autoridades", "para entender mais o branco", "para lutar pelos nossos direitos" etc.

Por outro lado, professores xerente argumentam em favor do ensino da língua, numa relação direta com a cultura do povo, quando afirmam que

> ... nós podemos tirar o que tem de melhor da cultura do branco, mas não podemos perder a nossa, principalmente a nossa língua [Xerente Akwẽ]... tem que ser passada pra nossas crianças. (Professor xerente na aldeia Traíra Brupkarê, em 2006)

> para mim é muito importante a nossa língua porque cada vez mais o branco está apertando para tomar nosso direito... Eu quero trabalhar com nossa língua para que nossa cultura não fique fraca. (Professor xerente, em Braggio op. cit., p. 178)

A situação ainda é agravada porque

> mesmo professores, quem têm um parco salário de 240 reais mensais – além de não terem um contrato de trabalho efetivo, mas renovado, ou não, cada ano, pela Secretaria Estadual de Educação, tendo que lecionar e trabalhar na roça –, estão indo para a cidade ou abandonando seus cargos de professores. Sentem-se desestimulados com a falta de materiais, de merenda adequada para as crianças, de acompanhamento pedagógico. (Braggio, 2005a, p. 169)

Essa preocupação (e conflito) de pais e professores indígenas reflete o questionamento de Braggio (2008, p. 18):

> Um questionamento que eu sempre me fiz e faço desde que comecei a trabalhar com educação escolar indígena não é se a educação escolar terá impactos para os povos indígenas, mas quais, ou seja, que impactos a educação escolar terá para os povos indígenas?

E completa a autora afirmando que "parto do princípio de que a escolarização, por ser uma instituição alheia a esses povos terá, sim, impactos conflitantes e, portanto, imprevisíveis e difíceis de serem controlados", logo "temos que nos perguntar *como* viabilizá-la (a educação indígena) em cada comunidade indígena, já que dentro de uma mesma etnia há contatos diferenciados que geram atitudes de resistência e/ou deslocamento da língua" (op. cit., p. 18).

Grosjean (1982) afirma que a língua dominante, quando ensinada a todos os falantes, mantém sua hegemonia através da escola. Daí a importância das atitudes dos falantes de línguas minoritárias com relação às línguas, dada a tendência dos pais terem como projeto ensinar seus filhos a falarem corretamente a língua dominante para não serem discriminados mais tarde. Para o autor, esse tipo de atitude se origina do fato de a língua dominante estar associada a modelos de desenvolvimento, progresso e mercado de trabalho.

2.5 O meio ambiente, a língua e a cultura: mais conflitos

O povo Xerente, tradicionalmente, possui um sistema de organização sociocultural e político extremamente complexo e tem seu modo de subsistência ligado à exploração do cerrado, através da caça, pesca e coleta, praticando uma agricultura de coivara complementar. A utilização de extensos territórios foi sempre a condição básica de constituição e reprodução dos grupos xerente, conservando à identidade masculina uma condição de bons caçadores, andarilhos e corredores.

Contudo, isso tem mudado nas últimas décadas. Nos últimos 20 anos, principalmente, as rápidas e grandes transformações que atingiram essa região habitada pelos Xerente, têm gerado mudanças na forma como interagem com o meio em que vivem e criado dificuldades na participação ativa das decisões que os envolvem.

Atualmente, as Terras Indígenas Xerente e Funil têm diversos projetos em seu entorno, incentivados pelo Governo Federal e Estadual em parceria com a iniciativa privada. Dentre eles, destacam-se o PROCEDER III, a Hidrelétrica Luis Eduardo Magalhães (UHE Lageado), construção das rodovias estaduais TO-010 e TO-230 que dão acesso às cidades de Tocantínia/TO, Rio Sono/TO e Pedro Afonso/TO, cujo traçado corta as referidas terras indígenas. Além desses empreendimentos já concluídos, existem outros em estudo de viabilidade, tais como a hidrovia Araguaia/Tocantins e a construção de uma hidrelétrica no Rio do Sono, incluído no Plano Nacional de Energia para 2020. Com a construção da usina do Lajeado, inaugurada em 2001, boa parte da reserva xerente ficou sob as águas, causando impactos no ecossistema ainda incalculados. Neste caso, uma ação de natureza compensatória foi firmada entre o povo Xerente e a INVESTICO, o consórcio construtor da usina. O PROCAMBIX (Programa de Compensação Ambiental Xerente) destinou um orçamento de R$ 10 milhões para ser aplicado em projetos agrícolas, na preservação do meio ambiente e preservação e resgate da cultura xerente. O programa teve início em 2002, com previsão para durar 8 anos, ou seja, até 2010. O Conselho Gestor é formado por 11 membros, sendo 6 da comunidade indígena e cinco institucionais (MPF – o Procurador da República, FUNAI, IBAMA, NATURATINS e INVESTICO).

O que parece ser uma ação afirmativa, em nosso entendimento (meu e de outros pesquisadores que analisaram a situação sob diferentes enfoques), funciona como uma faca de dois gumes. Se por um lado os recursos são bem-vindos, por outro a alteração no ecossistema, com desaparecimento de espécies da fauna e flora de biomas específicos, são irremediáveis. Neste sentido, Braggio (2005a, p. 171) aponta que "essa alteração atinge os pilares de sustentação das formas indígenas de subsistência e, consequentemente, sua língua e cultura". A autora ilustra essa afirmação com o exemplo do ritual de nominação xerente[13], o mais importante da cultura. Segundo a autora,

> cada pessoa recebe um nome ligado às qualidades de um animal, planta, fenômenos e aspectos da natureza. Há uma relação intrínseca entre meio ambiente e cosmologia, isto é, entre o mundo em que o povo Xerente akwẽ existe e com o qual se relaciona, e que o remete a um clã específico. Esses nomes são atribuídos mais de uma vez ao longo da vida do indivíduo. Uma vez alterado o ambiente, vários nomes relacionados a espécies da flora e da fauna, de suas qualidades etc., deixarão de existir tornando obscura a classificação que os Xerente fazem com plantas e animais e, em consequência, com seu mundo cósmico, cultural, linguístico, com o seu espírito akwẽ. (Braggio, op. cit., p. 171)

Em mais de uma oportunidade, em minha passagem pelas aldeias, amigos indígenas mostraram-me com grande apreço aquela espécie que lhe "emprestava" o nome. Um jovem xerente, morador da aldeia Traíra, em certa oportunidade convidou-me a entrar no cerrado para conhecer o Amzâ, uma espécie de abelha, ao qual seu nome (Amzâ Wẽ, ou "abelha – do tipo insu – bonito") está relacionado.

Além disso, ainda durante o andamento do Programa, as ações nas aldeias pareciam não funcionar de acordo com o objetivo inicial. Como pude ver de perto, as tentativas de implantação de lavoura mecanizada, piscicultura, bovinocultura e avi-

---

[13]. Para maiores detalhes sobre o ritual de nominação e outros rituais Xerente, veja Farias (1990). Sobre os nomes próprios ou pessoais em Xerente, veja Sousa Filho (2007).

cultura na grande maioria das aldeias falharam. Em cada etapa do programa, as lideranças de cada aldeia fazem opção por uma dessas atividades, que é implementada. Porém, a continuação do processo devia se dar pelos próprios indígenas, que recebiam uma estrutura básica para tal. Na aldeia Traíra, por exemplo, houve duas tentativas de implementação de culturas. Uma com a construção de tanques para piscicultura e outra com o desmatamento de uma área para lavoura de grãos, ambas frustradas. Como justificam os próprios moradores da aldeia Traíra (diário de campo, em maio de 2007):

"Vinham outras pessoas (?) à noite e pescavam os peixes..."

"Jacarés comeram boa parte do peixe e decidimos retirar o restante para não perder eles também".

"Os peixes não cresciam... então os comemos".

"O milho não pegou não... não sei se plantamos na hora certa".

"O mato tomou conta de tudo... só dá pra aproveitar alguma mandioca aí no meio".

Após estes tipos de fracassos, que se repetiram em várias outras aldeias[14], é frequente entre os **Xerente** o discurso de cobrança para com o programa e as autoridades. Fazem parte da minoria as pessoas que ainda buscam na caça, pesca, coleta e no cultivo em roça de toco os recursos para sua subsistência, ou seja, o que originalmente era característico de sua cultura. Fica então uma pergunta, que talvez possa ser respondida em trabalhos futuros: o que acontecerá ao término do programa de compensação?

---

14. Como apresenta o próprio Relatório de Avaliação do Programa de Compensação Ambienral Xerente do ano de 2006.

O mecanismo principal para a identificação e localização de todos os indivíduos que compõem as duas metades exogâmicas em que se organizam os Xerente[15], através de um sistema de clãs de características patrilineares, é a pintura corporal. Todavia, a complexidade da organização social xerente parece ser mantida apenas na memória dos mais velhos. Segundo estes (registros em diário de campo, em novembro de 2006):

> *"os jovens hoje não se interessa em saber como era antes... tão é encantado com as coisas dos brancos".*
>
> *"pode perguntar pra qualquer menino aí... ninguém sabe explicar como é que faz as ferramentas, as armas, como é a música de algum festejo (ritual) ou de outro... como é que tem que fazer tudo certinho né..."*

Além disso, dentro da organização política xerente, que tradicionalmente tem como lideranças os caciques, pajés e os membros do conselho dos velhos – wawẽs –, vêm surgindo novas formas de autoridades, como as associações formais e pessoas com participação na política regional. Dois vereadores xerente foram eleitos em 2004 e outros onze já eram pré-candidatos para as eleições de 2008, no município de Tocantínia.

Uma primeira experiência com associações formais foi com a Associação Indígena Xerente (AIX), fundada em 1992 e que funcionou até 1995. A partir de 1998, os Xerente – então mais experientes em relação a essa forma organizacional – fundaram três novas associações indígenas, com sede em Tocantínia, com o objetivo primeiro de congregar em cada uma delas determinados núcleos de aldeias mais próximas, considerando suas relações políticas, de parentesco, cerimoniais e espaciais.

No capítulo seguinte, apresentamos os princípios teóricos que nortearam nosso estudo.

---

15. Para um melhor entendimento da organização social e da cosmologia Xerente, veja Farias (1990) e ainda uma boa síntese em Sousa Filho (2007).

CAPÍTULO II

Aportes Teóricos

1. O contato entre línguas

Do contato entre indivíduos de línguas e culturas divergentes pode emergir uma infinidade de situações que vão desde a constituição de zonas multilíngues, onde o número de línguas usadas por um indivíduo pode ser bastante variado, até casos em que a língua nativa é deslocada e substituída pela outra com a qual entra em contato.

Por um lado, Rodrigues (1986) relata, por exemplo, que entre os povos Tukano – que habitam as margens do Rio Uaupés, um dos formadores do Rio Negro, numa extensão que vai da Colômbia ao Brasil – é comum encontrar indivíduos que falam de três a cinco línguas, ou ainda poliglotas que dominam de oito a dez idiomas. Além disso, as línguas representam, para eles, elementos para a constituição da identidade pessoal. Um homem, por exemplo, deve falar a mesma língua que seu pai, ou seja, partilhar com ele o mesmo "grupo linguístico". No entanto, deve se casar com uma mulher que fale uma língua diferente, ou seja, que pertença a um outro "grupo linguístico". Os povos Tukano são, assim, tipicamente multilíngues e demonstram, entre outros aspectos, como o ser humano tem capacidade para aprender e dominar numerosas línguas, em diferentes idades, independentemente do grau de diferença entre elas, e mantê-las conscientemente bem distintas em suas respectivas funções sociais.

Por outro lado, quando o contato se dá entre povos com poderes políticos desiguais, também às línguas é atribuído um valor histórico, ideológico e político diferenciado. É o que normalmente ocorre quando uma língua indígena, falada por uma minoria, entra em contato com o português, língua oficial da nação e tida como de maior prestígio. Neste sentido, Hamel (1988, p. 49-50) afirma que

> en términos muy generales, existe la conciencia en los grupos indígenas de que las formas tradicionales de comunicación, adquiridas históricamente y vinculadas a las lenguas indígenas, ya no satisfacen el conjunto de necesidades comunicativas a las quales ellos se enfrentam como grupo y como individuos. ... Existe, en otras palabras, una fuerte presión basada en sanciones socioeconômicas, políticas y culturales para que los hablantes indígenas desarrollen un domínio suficiente de la lengua nacional.

Ainda para o autor (op. cit., p. 65),

> si la lengua minoritária deja de resolver tareas comunicativas y de contribuir a la organización de la producción y reproducción de las relaciones en su sentido amplio, entonces podemos afirmar que se encuentra en vías de perder su lugar histórico como lengua viva.

Dessa forma, as atitudes e usos linguísticos dos falantes em relação às línguas que usam no seu cotidiano, em contexto de contato assimétrico, são de fundamental importância para a vitalização da língua minoritária. Grosjean (1982) defende que, para a sociolinguística, uma língua está acompanhada de atitudes e valores mantidos tanto pelos falantes como de quem não fala tal língua, uma vez que a língua é um símbolo da identidade social do povo que a fala e não apenas um instrumento de comunicação. Sendo assim, a atitude dos falantes com relação à língua assim como os usos que fazem dela têm um papel importante na vida dessas pessoas, porque podem ser favoráveis ou desfavoráveis, podendo inclusive ser determinantes para explicar qual língua será ensinada, usada ou preferida pelos falantes bilíngues.

Nesse tipo de contato – com configurações de poder político, econômico e cultural desiguais –, ou as línguas minoritárias resistem e se mantêm, ou são lentamente substituídas pela língua de prestígio (Godenzzi, 2000). Enquanto que para a vitalização de um língua nestas condições é preciso um esforço social e psicológico imenso por parte do grupo (Dorian, 1998 apud Braggio, 2001/2002), o deslocamento da língua de menor prestígio – a língua indígena – é observado com maior frequência. Braggio (2001/2002, p. 31) aponta vários casos em que línguas indígenas estão sendo deslocadas, em diversos domínios sociais, pela língua dominante (o português), entre elas, o xerente.

Além da parte da população que mora em Tocantínia, praticamente todos os Xerente costumam visitar a cidade, alguns com mais, outros com menos frequência. Os ônibus coletivos que cortam a reserva são diários e gratuitos para os indígenas, como uma forma de compensação por poderem transitar por ali. Assim, todos os dias é possível encontrar vários Xerente, de todas as idades, nas praças e ruas da cidade. Eles movimentam o comércio e participam ativamente da rotina do município.

A situação atual do contato entre os Xerente torna clara a forma como o português ocupa um espaço discursivo cada vez maior, inversamente proporcional à redução das funções sociais da língua xerente, cada vez mais limitadas. Braggio (2008, p. 15), comentando sobre o uso da língua na cidade, salienta a

> necessidade de falar Português para negociar (vender ou comprar), para se fazer entender e para entender o médico, as leis, os costumes e, portanto, com inúmeras novas aquisições lexicais na escola e em outros espaços nos quais o Português é a língua a ser usada em todo o processo de

escolarização. A língua xerente Akwẽ fica reduzida ao espaço da casa, pois o Português vai invadindo de forma sub-reptícia, quase mesmo invisível, aquele nicho onde a língua está escondida... Na cidade, a língua nativa oral está em posição totalmente assimétrica em relação ao Português. Pior, ali o Português escrito domina soberano. Já estigmatizados como "índios", encontram um ambiente hostil para si mesmos e para sua língua. Todavia, é desse ambiente hostil que têm que retirar suas forças para sobreviver.

2. A condição bilíngue

No Brasil, além do português, são faladas regularmente cerca de 180 línguas nativas (Rodrigues, 1986), a maioria por falantes bilíngues ou multilíngues, que vivem em comunidades indígenas espalhadas por todo o país.

Uma situação de bilinguismo, no caso de grupos minoritários – como é o caso dos Xerente Akwẽ –, pode se dar por vários motivos. Para Grosjean (1982), os principais motivos para que um indivíduo ou grupo se torne bilíngue são: I) os movimentos migratórios; II) o nacionalismo local exacerbado; III) o casamento entre etnias diferentes e IV) a pluralidade de grupos linguísticos em uma mesma região. Para o autor, uma situação de bilinguismo existe quando uma pessoa ou grupo faz uso regular de duas línguas, podendo inclusive ser mais fluente no uso em uma delas.

Ainda segundo o autor, quando se trata de situações em que um dos grupos é privilegiado política, econômica e culturalmente, a língua deste grupo, majoritária, tem mais prestígio, enquanto a língua minoritária é estigmatizada. Esta estigmatização pode ser gerada por atitudes negativas do próprio grupo majoritário, ao tachar a língua desprivilegiada de "sem sentido", "vulgar" (op. cit., p. 122). No entanto, este fato pode ter efeito contrário e causar a solidariedade do grupo para com sua língua e a cultura de seu povo. Para o autor, uma língua estigmatizada pode se tornar aceita e respeitada, o que pode ser causado pelo reconhecimento oficial da língua pelo governo, pelos movimentos de direitos humanos, pelos estudos de linguistas etc. (Op. cit., p. 126)

De acordo com McMahon (1994), o contato entre falantes de línguas diversas e, consequentemente, o empréstimo, situação em que elementos de uma língua podem ser transferidos para outra, é fruto do bilinguismo.

O empréstimo linguístico, assim, emerge de uma situação de contato linguístico e sociocultural e que pressupõe o bilinguismo. A forma como este fenômeno se dá é peculiar em cada contexto, em cada situação. Por um lado, se a situação de contato entre dois povos de cultura e língua divergentes é estável, com funções sociais definidas para cada língua, os empréstimos de uma língua para outra geralmente são encarados como uma ferramenta de ampliação lexical. Por outro lado, se a situação de contato é conflituosa e as línguas em questão possuem configurações de poder desiguais, o que em geral acontece quando há o contato entre uma língua indígena e a língua considerada oficial de uma nação, uma das línguas – a indígena – acaba se tornando mais vulnerável à entrada de elementos da língua de maior influência. Desta forma, a língua de maior prestígio pode penetrar desordenadamente na outra, muitas vezes levando-a ao deslocamento. A conceituação de empréstimo linguístico será discutida de forma mais ampla no item 4, a seguir.

No caso dos Xerente, partindo da constatação de uma situação de contato assimétrico (Braggio, 1992 a 2008), observamos uma situação de bilinguismo instável, onde não há funções sociais definidas para a língua indígena. Principalmente no espaço da cidade, a situação de diglossia entre as duas línguas é perceptível na linguagem oral e principalmente na modalidade escrita, dada a falta de materiais escritos na língua nativa e os problemas com a educação indígena de uma forma geral, assuntos que serão discutidos posteriormente. A língua xerente fica restrita ao espaço da família, enquanto o português é a língua da escola, do comércio, do trabalho, dos documentos e das demais relações sociais que envolvem os não índios.

Segundo Grenoble (1998, p. 22), "falantes abandonam suas línguas nativas para se adaptarem a um ambiente onde o uso dessa língua não é nada vantajoso para eles. Este fato sobre a morte das línguas é simples, sem controvérsia, incontestável".

3. A língua ameaçada

Na literatura é bem conhecido o fato de que línguas são extintas, muitas vezes sem sequer serem descritas ou deixarem qualquer registro[16]. É o caso das línguas indígenas, faladas geralmente por minorias. Braggio (2001/2002, p. 41) aponta que as razões para que isso ocorra são várias e que micro e macro variáveis geralmente operam em um determinado conjunto nas diferentes situações. Entre essas variáveis, no Brasil, a autora destaca: (i) a colonização e suas implicações como, por exemplo, a diminuição do tamanho do grupo, a fome, as doenças trazidas do velho continente, a destruição do habitat e a escravização; (ii) a política assimilacionista/integracionista efetivada pela catequese, educação, pela criação de órgão tutor, pela proibição da língua indígena, pelo uso excessivo da língua portuguesa, etc; (iii) a globalização; (iv) as atitudes dos falantes que, pressionados pela situação, deixam de passar sua língua nativa à próxima geração; (v) a diglossia, entendida como conflito de povos em contato com poder assimétrico; e (vi) as mudanças funcionais e estruturais nas línguas. Ainda para a autora, nenhuma dessas razões, exceto o desaparecimento drástico do grupo, pode ser tomada em isolamento.

---

16. Sobre o assunto, veja Rodrigues (1986), onde há vários relatos de línguas indígenas que foram extintas ou que estão caminhando irreversivelmente para a morte.

Cristófaro-Silva (2001/2002, p. 57) entende que a morte dessas línguas pode se dar por fatores linguísticos e/ou não linguísticos. Entre os fatores predominantemente não linguísticos, a autora aponta três casos decorrentes do processo de perda de línguas: a) casos em que há apenas um ou simplesmente uns poucos falantes vivos (por motivo do desaparecimento do grupo indígena); b) casos relacionados à opressão política imposta aos falantes de uma determinada língua; e c) casos caracterizados pelo fato de que a língua deixa de ser usada coloquialmente e é mantida apenas em situações específicas, como em rituais, por exemplo, onde muitas vezes o falante não sabe o conteúdo semântico do que está sendo dito. Ao analisar as similaridades dentre vários estudos relacionados à morte de línguas, Cristófaro-Silva (op. cit., p. 62) afirma que

> embora possa ser observada uma grande diferença quanto aos aspectos sociais, políticos, econômicos, quanto ao número de falantes e quanto aos diferentes graus de proficiência dos falantes... o primeiro ponto a ser considerado na análise de morte de línguas é o fato de que essas comunidades estão em contato com outra(s) comunidade(s) linguísticas cujo prestígio social e econômico é maior do que o da comunidade cuja língua está ameaçada. Assim, os falantes geralmente mais jovens passam a fazer uso mais restrito da língua de menor prestígio.

No mesmo sentido, Braggio (2001/2002, p. 33), com base em diversos autores, conclui que

> uma das formas de se perder uma língua, além do desaparecimento e tamanho do grupo, assimilação, globalização, diglossia, atitudes que levam o grupo a deixar de passar a língua de uma geração à outra, é a de interferência da língua dominante na língua dominada.

Ferreira (2005) aponta o caso do Parkatêjê, língua Timbíra, pertencente ao tronco linguístico Macro-Jê, em que uma combinação de fatores não linguísticos e linguísticos cria uma situação de obsolescência de língua. A língua indígena, como aponta a autora, tida como de menor prestígio, já não é mais passada às gerações mais jovens (3ª geração), que sequer a entendem. A língua falada passa a ser uma variante étnica do português, alvo do estudo supracitado.

As causas de natureza linguísticas que levam as línguas à extinção estão relacionadas às mudanças abruptas nas línguas, que as levam a um estado de obsolescência linguística. O problema, portanto, não está na mudança em si, mas na forma como ela se dá, como destaca Albó (1988, p. 79):

> La dinámica de cambio propria de todo idioma, al ocurrir dentro de un contexto de dependencia oprimente, adquiere un claro sentido direccional extra-linguístico: ya no se rige tanto por las leyes linguísticas de cambio interno (aunque este elemento está también presente), sino sobre todo por la necessidad de ir cediendo cada vez más ante el idioma del grupo dominante y ir adquiriendo paulatinamente nuevos elementos de sus estructuras, primero al nivel de vocabulario, y más adelante también al de fonología y gramática.

O autor, em trabalho realizado junto aos Quechua e Aymara – povos dos Andes –, verificou um empobrecimento lexical das línguas, ligado à entrada massiva de empréstimos, principalmente em assuntos como agricultura, política e medicina moderna. Conforme Albó (op. cit., p. 84), "en primer lugar, se atrofia su propria estructura idiomática interna. El principal síntoma es el empobrecimiento creciente del vocabulario, sobre todo en áreas semánticas relacionadas con las esferas en que el quechua y el aymara están proscritos"[17].

---

17. Cristófaro-Silva (2001/2002) e Braggio (2001/2002) apontam vários outros estudos relacionados às mudanças linguísticas que levaram línguas minoritárias em contato ao processo de extinção.

Braggio (1997), ao analisar o fenômeno do empréstimo linguístico e também a mudança de código em quatro línguas indígenas em contato com o português (**Krahô, Kaingang, Karajá e xerente**), levanta a hipótese de que "a língua que parece ser menos resistente ao Português é a **xerente**..." (op. cit., p. 161). A autora, ao realizar estudos comparativos da língua **xerente**, conclui que

> [...] embora a língua esteja viva e sendo passada de geração à geração, ao compararmos os dados coletados por Martius (1867 em Maybury-Lewis, 1990), Maybury-Lewis em 1966 (1990) e os nossos (Braggio, 1989 em diante), as diferenças parecem ser mais rápidas do que se espera em variação e/ou mudança linguística. (Braggio, 2008, p. 14)

No item seguinte, discutimos o fenômeno do empréstimo sob os pilares teóricos de autores que tratam o tema e como tal fenômeno se dá na língua xerente **akwẽ**.

4. Empréstimos linguísticos

Para Braggio (1997, p. 160), "comunidades que utilizam duas línguas no seu cotidiano, não só mudam de código no seu discurso, como emprestam de uma língua para outra por razões linguísticas e extralinguísticas".

O empréstimo, embora só tenha sido mais amplamente discutido recentemente, é um fenômeno inerente às línguas naturais em geral. Para Carvalho (1989, p. 9), "o empréstimo linguístico é tão antigo quanto a história da língua, ou melhor, quanto a própria língua".

Grosjean (1982, p. 291) define empréstimo linguístico como o uso de uma palavra de outra língua, que é adaptada à língua base. O autor aponta como fator predominante para a adoção de empréstimos a inexistência de itens lexicais, em determinada língua, para a expressão de novos conceitos, objetos e lugares em função da necessidade de ampliação vocabular, dadas as novas experiências socioculturais e a necessidade de comunicação decorrente delas. Esta afirmação pressupõe, inclusive, uma situação de contato entre os povos falantes de línguas diferentes, contato este que Câmara Jr. (1991) considera como um "condicionamento" para a ocorrência de empréstimos.

Hamel (1988, p. 49), ao discutir a relação sociolinguística em situações de contato assimétrico, onde há a hegemonia de uma língua e cultura nacional em detrimento de grupos étnicos minoritários, afirma que "la lengua y cultura nacional están presentes, de diversas formas, en todos los espacios de los grupos étnicos, aún en aquéllos donde predomina a la lengua indígena". Para o autor (op. cit., p. 66), "la decisión en cuanto al uso de una u otra lengua en una situación de conflicto diglóssico se inserta en las relaciones generales de poder y de fuerzas simbólicas y no es interpretable sin ellas".

No mesmo sentido, Nettle & Romaine (2000, p. 550) afirmam que

> em geral, o grau de incorporação de palavras estrangeiras no léxico/vocabulário de uma língua pode ser tomado como medida de contato cultural. Em seus estágios finais, uma língua que está morrendo deverá ter tomado inúmeras palavras da nova língua, algumas delas para coisas novas, mas outras substituindo palavras nativas.

Dado que esse contato não se dá sempre da mesma forma, o que acontece é que enquanto algumas línguas são mais resistentes à entrada de empréstimos, desenvolvendo mecanismos de adaptação às suas estruturas linguísticas específicas, outras os introduzem de forma direta e desordenada, incorporando-os como são na língua de origem. Neste sentido, Haugen (1973 apud Grosjean, 1982) faz uma distinção entre empréstimos "necessários" e "desnecessários". Para Haugen, os empréstimos necessários são aqueles que preenchem lacunas lexicais em determinada língua. Os desnecessários, por sua vez, se dão de forma gratuita, ou seja, a língua que adota o empréstimo tem um item lexical de valor equivalente, mas não o emprega. Sob esse enfoque os termos destacados nos exemplos da língua xerente (1) e (2), a seguir, poderiam ser considerados empréstimos "necessários", enquanto que os termos destacados nos exemplos de (3) a (5) poderiam ser considerados empréstimos "desnecessários":

(1) Tahɔ̃ za sadu vendê.
Ele vai vender o colar.

(2) Totahɔ̃ za bols kmẽ kõpɾa.
Ela vai comprar bolsa.

(3) Dasa poca-di
Tem pouca comida.

(4) Badikre buscá... tɔktɔ!
Vai buscar a rede... agora!

(5) Totahɔ̃ za bols kmẽ kõpɾa.
Ela vai comprar bolsa.

Nos exemplos (1) e (2) acima, os termos emprestados do português remetem às noções de vender e comprar objetos. Como num momento anterior ao contato sociocultural com os não índios essas noções não faziam parte do universo xerente, consequentemente não há termos na língua indígena que designem com precisão essas ações. Assim, esses empréstimos "preenchem" as lacunas abertas devido às novas necessidades comunicativas.

Já no exemplo (3), o nome português *pouco* possui o equivalente Xerente "srure". No exemplo (4), o verbo "köri" poderia ser utilizado no lugar da forma portuguesa *buscar*. Em (5), há em Xerente Akwẽ o nome "siktõre" (além de vários outros nomes, de diferentes tipos de bolsas), que denota a ideia de *bolsa*.

Assim, há na literatura estudos que apontam tanto para casos em que os empréstimos entre línguas em contato se dão de forma branda, funcionando como ferramenta de ampliação lexical, até casos em que estes empréstimos entram de forma acelerada de uma língua para outra, o que pode levar a língua importadora ao deslocamento.

4.1 Empréstimos e ampliação do léxico

Para Guilbert (1975), o léxico de uma língua reflete as ideias, as modalidades de pensamento, a mudança contínua e gradativa do mundo e da sociedade. McMahon (1994) assinala que a carência de itens lexicais está intimamente ligada à necessidade que os falantes têm de referir-se a objetos ou conceitos não familiares à sua cultura e para os quais eles não dispõem de itens lexicais adequados em sua própria língua. Desta forma, embora seja de conhecimento comum entre estudiosos linguistas de que todas as línguas do mundo possuem vocabulário amplo e completo para descrever e representar os aspectos culturais do povo que a utiliza como primeira língua, esse vocabulário é limitado em assuntos adversos à sua cultura. Contudo,

> muitos são os caminhos trilhados pelo dinamismo das línguas. Palavras se criam dentro do próprio vernáculo, palavras ampliam ou restringem o seu significado, adquirem valores pejorativos ou meliorativos, palavras migram de uma língua para outra(s), formam ou não derivados e compostos, mantém ou não a sua grafia de origem, dicionarizam-se ou não. (Oliveira et al, 2005, p. 1)

Oliveira et al (2005), em estudo que buscou comprovar a existência do empréstimo e o seu recrudescimento, como elemento enriquecedor do léxico da língua portuguesa na sua variante brasileira, chegaram ao seguinte quadro comparativo do registro dos empréstimos nos dois dicionários constituintes do seu corpus:

Dicionário	Total	Latim	Grego	Árabe	Inglês	Africano/Indígena
Nascentes	100.000	80.000	16.079	609	164	37
Houaiss	1.935	472	261	5	120	11

Os autores atribuem estes empréstimos a razões históricas da formação da língua portuguesa (latim, grego e árabe), além do contato cultural direto (africanos e indígenas) e da influência econômica (inglês) sobre a cultura e língua oficial do Brasil. A quantidade visivelmente inferior de empréstimos de origem indígena para o português relatados no corpus provavelmente tem a ver com o que Câmara Jr. (1977) chama de técnica "ingênua e simplista" para a etimologia dos tupinismos (e empréstimos de outras línguas indígenas) no português. Para Orlandi e Souza (1988, p. 33) "fala-se em empréstimo, quando se trata das línguas europeias, asiáticas etc. Não quando se trata da língua indígena. Em sua influência, não se lhe dá o estatuto de língua. São só palavras".

Santos (2000, p. 19), ao tratar a renovação lexical e o empréstimo linguístico na língua Karajá (Macro-Jê), afirma que "a dinâmica do enriquecimento do léxico depende de um controle de como poderão os recortes novos se integrarem ao sistema karajá". Conforme a autora,

> na língua karajá, o neologismo por empréstimo constitui uma adoção. Acionados pela criatividade, os falantes utilizam fatores linguísticos e não linguísticos (idade, proficiência na segunda língua etc.) para o estabelecimento do correspondente linguístico na língua, sobretudo através do mecanismo da adaptação fonológica do novo recorte à língua karajá. (Santos, op. cit., p. 23)

Essa adaptação, ou "nativização" (Romaine, 1995), acontece quando, de acordo com Carvalho (1989), ao ser incorporado a uma língua, um item lexical é regularmente adaptado a ela fonética, fonológica e sintaticamente, ou seja, ele reproduz a matéria fônica, mórfica e sintática da língua que o empresta, no sentido de evidenciar as mesmas regras fonológicas, morfológicas e sintáticas a que obedecem os itens lexicais nativos.

Quando este tipo de processo é mais abrangente, como é o caso do Katukina, da família Pano, essas línguas parecem oferecer maior resistência à entrada de empréstimos de forma direta. Segundo Aguiar (1995), esta língua indígena não admite a inclusão de palavras de outras línguas em seu léxico sem antes passarem por um rigoroso processo de adaptação. Para tanto, são utilizados como processos mais frequentes a adaptação fonética da palavra e a inclusão de conceitos novos expressos através de termos e mecanismos da própria língua. Adaptação fonética é feita somente se a palavra a ser emprestada for dissilábica e oxítona, que se constitui no padrão silábico e tônico do ILP (Item Lexical Padrão) da língua katukina, como nos exemplos de Aguiar (op. cit., p. 83):

1. caju	tantʃu	[tɜˈdʒuʔ]
2. café	kapi	[kaˈpiʔ]
3. papai	papa	[paˈpaʔ]
4. boi	βui	[Boˈiʔ]

O segundo processo de criação de palavras novas é considerado por Aguiar (op. cit., p. 83-84) como o mais comum no Katukina e pode se dar pela combinação de dois itens lexicais (exs. 5 a 7) ou pelo acréscimo de um afixo (exs. 8 a 10):

5. relógio	βari-unti	[βari-ũˈde]	"sol – unti"
6. (cor) laranja	manşin-unşin	[mɜˈʒi-ũˈʒi]	"amarelo – vermelho"
7. batom	kesa-unşin	[kɨˈsa-ũʒi]	"lábio – vermelho"
8. galinha	ta-kaɾa		"ta – ave do mato"
9. cana de açúcar	ta-βata		"ta – mel"
10. banana nanica	wi-mani		"wi – banana"

Entretanto, Santos (2000, p. 20) lembra que "durante o processo de transmissão dessa informação há, em maior ou menor grau, uma modificação na visão de mundo desses interlocutores". Com relação ao estudo supracitado junto aos Karajá, a autora ressalta que, "embora isso permita uma movimentação nas estruturas léxicas internas do grupo, proporcionada pelo caráter intersubjetivo dos falantes, provoca necessariamente uma ruptura na cosmovisão karajá" (Santos, op. cit., p. 20). No mesmo sentido, Langacker (1977, p. 188) afirma que "os caminhos do empréstimo lexical refletem até certo ponto os caminhos da influência cultural", ou seja, quanto maior for a influência de uma cultura sobre outra, maior será a quantidade de empréstimos adotados.

4.2 Empréstimos massivos

Braggio (2008, p. 2), apoiada em vários autores (Albó, 1988; Bradley, 1989; Braggio, 1997; Crystal, 2000; Cuarón, 2000; Dorian, 1989, 1998; Escobar, 1988; Godenzzi, 2000; Gnerre, 1985; Hill, 1989; Herzfeld & Lastra, 1999; Meliá, 1988; Nettle & Romaine, 2000; Romaine, 1989; Silva-Corvalán, 1986; Schuman, 1997; Wurm, 1991, entre outros), afirma que os empréstimos feitos pelas línguas minoritárias de línguas dominantes em contato, principalmente as indígenas, têm sido vistos como indícios, sinais, da desvitalização do léxico dessas línguas e, consequentemente, das estruturas socioculturais e políticas dos povos que as falam.

Em seguida, a autora levanta a possibilidade de que a entrada de itens lexicais da língua dominante acabe por provocar uma "aculturação do léxico" das línguas minoritárias. Em relação à língua xerente, a estudiosa ressalta que

> não ignoro que os empréstimos podem ser uma fonte de enriquecimento lexical e que isto tem ocorrido historicamente entre as línguas. Minha preocupação está em que está-se tratando aqui com línguas com poderes políticos desiguais, agora com empréstimos entrando na língua aceleradamente via educação e tecnologia, e pelo contato cada vez maior na cidade com o Português, os quais não têm tempo de passar pelo filtro da língua, ou mesmo de serem criados. (Braggio, 2008, p. 14)

Apesar do prestígio e amplo uso do Xerente na linguagem oral, confirma-se neste estudo uma situação conflitante já levantada por Braggio (2005), em que grande parte da população mais jovem declarou não entender ou ter dificuldades para entender a língua que os mais velhos falam. Desta forma, pode-se entender este fato como mais um indício de uma mudança muito rápida na língua, que vem acontecendo de geração a geração e que, segundo Braggio (2005a, 2005b), é um fator apontado como negativo na vitalidade das línguas indígenas. E é justamente entre os mais jovens que tenho observado uma utilização de empréstimos mais frequente, como veremos no capítulo 4, adiante. Além disso, é também entre os jovens que o uso das formas mais próximas ao português é muito mais intenso.

Ao chamar a atenção quanto ao caráter histórico do deslocamento das línguas indígenas, Braggio (1998, 2005) aponta que no passado, geralmente, "o que se tem observado é que uma comunidade monolíngue em sua língua, torna-se bilíngue e, finalmente, monolíngue em língua portuguesa". Todavia, no atual momento histórico, estudiosos envolvidos com o estudo de línguas ameaçadas têm chamado a atenção quanto à velocidade, cada vez maior, com que as mudanças vêm ocorrendo.

Nettle & Romaine (2000) apontam a situação de algumas línguas minoritárias que perderam seus sistemas de classificação, devido às mudanças nos ecossistemas em que estas línguas estão inseridas ou ainda porque tais sistemas, que foram constituídos através de um longo processo que envolve a relação entre a fala e as práticas culturais de um povo, têm sua complexidade simplificada ou perdida pelos processos de atrito que afetam muitas línguas que estão morrendo.

Os autores ainda mostram línguas cujas jovens gerações fazem uso demasiado das formas simplificadas ou sequer as dominam. Em Dyirbal, uma língua aborígene da Austrália, Nettle & Romaine (2000) mostram como a classificação do nome sofre uma simplificação semântica, pelos mais jovens, que passa de um sistema nominal complexo para outro em que os nomes indicam apenas coisas inanimadas e animadas, sob a influência do inglês. Além disso, o distanciamento das gerações mais novas com o seu passado mítico e histórico está intimamente ligado às perdas no vocabulário, num processo de obsolescência linguística.

Gouveia de Paula (2001, p. 12), ao relatar a trajetória histórica dos Tapirapé, povo de origem Tupi, habitantes do Mato Grosso, aponta que

> nos últimos anos uma nova questão começou a preocupar: a língua indígena falada pelos Tapirapé encontra-se cada vez mais marcada por inserções de itens lexicais e gramaticais e expressões, oriundos da língua portuguesa [...] Essa

questão [...] tem sido colocada de forma às vezes dramática por lideranças Tapirapé: "a nossa língua vai acabar".

Além de empréstimos lexicais demasiados, os exemplos de Gouveia de Paula incluem relacionadores como *só, tudo, já, mesmo, o, até, se* e expressões como *num é* e *ah, não!* Tais marcadores discursivos são usados geralmente em mudança de código, no caso de grupos bilíngues.

A seguir, faremos uma exposição da tipologia de empréstimos do português observados entre os Xerente, assim como algumas propriedades linguísticas destes.

CAPÍTULO III

Tipologia e Propriedades Linguísticas dos Empréstimos em Xerente Akwẽ (Jê)

Neste capítulo, descrevo os tipos de empréstimos encontrados na língua xerente, quanto às suas características morfológicas e fonético/fonológicas. De acordo com suas características, eles foram classificados em quatro modelos, conforme a tipologia proposta por Grosjean (1982): a) empréstimos por criação; b) *loanblends*; c) empréstimos com adaptação fonológica e d) empréstimos diretos.

Para os dados descritos neste capítulo não há a distinção entre empréstimos que ocorrem em nível individual daqueles que acontecem na comunidade. Grosjean (1982) denomina os primeiros como "empréstimos da fala" (*speech borrowings*) e os últimos de "empréstimos da língua" (*language borrowings*). Assim, há exemplos que foram dados por um único falante, enquanto outros foram usados pela maioria[18]. A análise em termo de frequência será feita no capítulo 4.

As amostras contidas neste e no próximo capítulo podem ajudar a clarear a situação sociolinguística em que se encontra o

---

18. Os exemplos expostos neste estudo são fiéis às formas como foram faladas pelos auxiliares de pesquisa. Assim, um exemplo dado para um mesmo conceito poderá aparecer de diferentes formas, como para o conceito "alimento", que pode aparecer como [ṣnokˈda], [nɔkuˈda], [noˈkrda] ou [noˈkda].

povo Xerente Akwẽ e, por consequência, a realidade sociocultural e política daquele povo. O dicionário de Krieger & Krieger (1994) e o trabalho de Sousa Filho (2007) foram utilizados para tirar eventuais dúvidas sobre o léxico e a gramática da língua xerente. Antes de apresentarmos a tipologia dos empréstimos, consideramos necessário expor algumas características gramaticais da língua, como segue nos itens 1 e 2.

1. Aspectos fonético/fonológicos da língua xerente

Os estudos sobre a fonética e fonologia da língua Xerente Akwẽ ainda não esgotam as possibilidades de análise sobre o assunto[19], ou seja, não se trata de uma discussão fechada. No entanto, alguns estudos realizados até então são suficientes para uma boa noção dos aspectos fonético/fonológicos da língua indígena.

Em relação ao quadro fonológico da língua xerente, adotamos a descrição apresentada por Krieger & Krieger (1994) para o Dicionário Xerente e a proposta de grafia da língua. Tal descrição parte da análise fonêmica feita por Mattos (1973) e é composta pelos seguintes fonemas consonantais e vocálicos:

Consoantes: b, d, h, k, m, n, p, ɾ, s, t, w, z;
Vogais orais: a, ɨ, ɛ, e, i, , o, u;
Vogais nasais: ã, ẽ, ĩ, õ, ũ.

Tal descrição também foi considerada tanto em estudos sociolinguísticos (Braggio, 2005b) como descritivos (Grannier & Souza, 2005 e Sousa Filho, 2007) do Xerente e é adequada à nossa análise em particular.

---

19. Grannier e Souza continuam trabalhando com a fonologia da língua Xerente Akwẽ. A análise mais recente é a de Souza (2008), que apresenta um inventário dos fones da língua e uma nova proposta para o quadro fonológico.

Braggio (2005b) ainda mostra como o acento em Xerente é demarcativo, e não distintivo, uma vez que é fixo na última sílaba da palavra, simples ou complexa[20]. Os tipos de sílabas possíveis na língua, segundo a autora, são compostas por V, VV, VC, CV, CVC, CVV, CCV, CCVV, CCVC, CCCV e CCCCV.

2. Considerações sobre a morfologia da língua xerente

Definir e delimitar as fronteiras do que pode ser conceituado como palavra nunca foi tarefa fácil em qualquer trabalho de descrição linguística, o que não é diferente para a língua xerente. A *palavra* é um conceito de ampla discussão e pode ser vista por perspectivas diferenciadas. Numa primeira, fonológica, a palavra é uma unidade acentual, um conjunto marcado por um só acento tônico. Sintaticamente, conforme Sandalo (2003), temos que uma sequência de sons só pode ser definida como palavra se puder ser usada como resposta mínima a uma pergunta ou se puder ser usada em várias posições sintáticas, definição esta bastante discutível segundo a própria autora. Na morfologia estruturalista (Bloomfield, 1978), a palavra geralmente é definida distribucionalmente, pela quantidade e tipo de raízes que possui, enquanto que em uma definição semântica, a palavra é aquilo que possui apenas um significado. Rocha (1998) aponta esta última como uma definição frágil, uma vez que podemos contrapor dizendo que em *fabricante* e *aquele que fabrica* temos apenas um significado e sabemos intuitivamente que apenas o primeiro exemplo é uma palavra só. Nos nossos dados, nos deparamos com situações similares, que serão discutidas no item 3.3.2, quando tratamos das formas complexas em Xerente.

---

20. Braggio (2005b) considera como palavras complexas aquelas que apresentam mais de uma categoria gramatical adicionada ao nome ou ao verbo, ou seja, a maioria na língua Xerente, que é predominantemente aglutinante.

Assim, me pareceu mais adequado adotar uma concepção de palavra que abranja não apenas um conceito isolado e sim a intersecção desses conceitos nos diferentes níveis. Para o interesse deste estudo, a palavra – ou item lexical – deve ser entendida independentemente de sua atuação na frase, enquanto unidade significativa, ou seja, como na definição de Aronoff (1976), palavras são elementos da língua formados por um ou mais morfemas com significado próprio, ou ainda, elementos que cumprem uma função gramatical ou papel semântico na língua. É válido lembrar que esta pesquisa está focada em empréstimos lexicais de L2 para L1, coletados através de listas de palavras isoladas. Sendo assim, a análise morfológica destes empréstimos tem como foco a palavra em si e sua estrutura, ou seja, o processo de composição da mesma.

Sousa Filho (2007) identificou e descreveu sete classes de palavras em Xerente, a saber: nome, verbo, advérbio, pronome, posposição, conjunção e partícula. Os nomes, juntamente com os verbos, são classes maiores, ou seja, possuem maior acervo na língua, enquanto as demais são menores. Apresento aqui as características gerais, apontadas pelo autor, dessas duas classes, por se tratarem da base da formação das novas palavras em Xerente, língua de característica basicamente aglutinante.

De acordo com Sousa Filho (op. cit., p. 84-85), que descreveu o Nome a partir de suas características gramaticais (fonológica, morfológica, gramatical e semântica), os nomes em **Xerente Akwẽ**:

1) ocorrem como formas livres;
2) recebem prefixos pessoais subjetivos e prefixos relacionais;
3) podem ocorrer com o formativo –nõrĩ, que efetua a marcação do número não singular nos nomes;
4) podem receber eventual marcação de gênero em casos específicos;
5) ocorrem com sufixo derivacional –re, de diminutivo;
6) recebem o marcador enfático –hã;

7) podem ocorrer como formas derivadas de itens de outras classes de palavras, como verbo, mediante o acréscimo dos sufixos nominalizadores –zɛ e –kwa;

8) podem ser marcados pela posposição ergativa –te ~ -t, isto é, são marcados pela categoria do caso ergativo;

9) exercem funções sintáticas argumentais de núcleo do sujeito ou de um objeto direto ou indireto;

10) apresentam valências 1 e 2 nos predicados genitivos em que ocorrem como núcleo;

11) podem ocorrer como predicados de orações não verbais;

12) apresentam classificadores nominais, lexicalizados ou não;

13) do ponto de vista semântico, representam a nomenclatura referencial da língua Akwẽ, sendo responsáveis pela referenciação da CF (Comunidade de Fala) dos Xerente, operando a referenciação em grande parcela a partir de termos de classe; e

14) ocorrem em uma subclasse de nomes que denominamos de nomes de conceitos de propriedades (N-cp).

Quanto aos verbos xerente, Sousa Filho (op. cit., p. 140) os identifica utilizando critérios morfológicos (I – IV) e sintáticos (V – VII):

I) uso de diferentes séries de marcadores pessoais (pronomes, clíticos e prefixos);

II) presença das categorias pessoa, tempo, aspecto, modo e evidência (TAMP);

III) morfologia derivacional;

IV) negação;

V) função assumida pela palavra dentro da sentença (argumento – predicado);

VI) posição dentro da sentença (1ª, 2ª ou 3ª posições, deslocamento à esquerda ou à direita) e dentro dos sintagmas (pré/pós núcleo); e

VII) co-ocorrência (ou restrições de seleção).

Assim, as formas verbais simples em Xerente contêm um tema, formado por uma raiz verbal nuclear (que pode ser fixa em alguns verbos e variável em outros), à qual se agregam morfemas, marcadores pessoais, prefixos pessoais e sufixos número-pessoal. Sousa Filho (op. cit., p. 140) descreve o que possibilita marcar os prefixos e sufixos junto ao tema verbal xerente:

Prefixos

· a concordância (prefixos pessoais);
· aspecto (prefixo aspectual: kr ~ k); e
· a voz reflexiva (morfema de voz: si).

Sufixos

· a concordância (sufixo número-pessoal: -ni ~ nĩ para 1ª ps DU/PL - kwa, 2ª ps DU/PL e –ø para 3ª ps DU/PL, em declarativas);
· a negação (feita a partir da forma: kõdi, a qual se realiza mediante a justaposição do advérbio de negação: kõ e o morfema predicativo -dI); e
· a intensidade (com a forma livre: wawẽ e com o clítico dependente –rɛ).

Os itens 3 a 6 apresentam a tipologia e características linguísticas dos empréstimos em Xerente Akwẽ.

3. Empréstimos por criação

Nos empréstimos por criação (Grosjean, 1982), duas ou mais palavras já existentes na L1 são combinadas para expressar o conceito contido nas novas palavras da L2. É o que comprovam os dados da língua xerente.

(1) [twɾa - wɾa - nɔkuˈda]   "combustível"
ferro correr alimento
(literalmente (lit.): "alimento do ferro que corre (carro)")

(2) [twɾa-wɾa-ˈpɾa]   "pneu"
ferro correr pé
(lit.: "pé do carro")

(3) [kumkə̃ - ʂnokˈda]   "munição"
espingarda alimento
(lit.: "alimento da espingarda")

(4) [tkai - ʐapaɾ - ˈʐɛ]   "pá"
terra acolher/pegar NMZ
(lit.: "pegador de terra")

(5) [kɨ - ʐɛknẽ) - ˈʐɛ]   "copo"
água beber NMZ
(lit.: "bebedor de água")

(6) [daʂa - i - ʐapaɾ - ˈʐɛ]   "colher"
comida VL pegar NMZ
(lit.: "pegador de comida")

(7) [daʂa - ĩ - kahɾi - ˈʐɛ]   "fogão"
comida VL cozinhar NMZ
(lit.: "cozinhador de comida")

(8) [aɾbɔ - paˈi]   "guarda-chuva"
morcego asa
(lit.: "asa de morcego")

(9) [ktwɾa - ˈmẽ)]
ferro falar
(lit.: "ferro que fala")   "rádio"

(10) [da - ṣdawa - pɾɛ - ˈʐɛ]
PP (de alguém) boca vermelho NMZ
(lit.: "avermelhador de boca")   "batom"

(11) [da - nikpɔ - pɾɛ - ˈʐɛ]
PP unha vermelho NMZ
(lit.: "avermelhador de unha")   "esmalte"

(12) [hɛṣuka-kuptom-ˈʐɛ]
papel untar/melar NMZ
(lit.: "*untador* de papel")   "cola"

Estes empréstimos lexicais, como podemos observar, respeitam a gramática da língua xerente, quanto aos seus aspectos fonético/fonológicos e morfológicos. São empréstimos de conteúdo semântico, em que as palavras já existentes na língua são utilizadas com uma nova concepção isolada. Assim, "a união de duas palavras [ou mais] referindo-se a um outro conceito passa a ser encarada como um termo novo. A palavra composta representa uma ideia única e autônoma, diferente das ideias reveladas pelos termos que as compõem" (Carvalho, 1984, p. 25).

Vale ressaltar aqui que estes empréstimos foram criados pelos +velhos ou +-jovens, e, em alguns casos, foram adotados pelos +jovens e crianças, como veremos no capítulo 4.

3.1 Criação por metáfora

A criação de novas palavras através do processo por metáfora é recorrente entre os Xerente, principalmente nas expressões novas que empregam nomes de animais e/ou partes do corpo, como nos exemplos a seguir:

(13)[twɾa-wɾa-ˈpɾa] "pneu"
ferro correr pé
(lit.: "pé do carro")

(14)[aɾbɔ - paˈi] "guarda-chuva"
morcego asa
(lit.: "asa de morcego")

(15)[da-pɾa-ˈhɨ] "chinelo"
PP pé casca
(lit.: "casca para pé")

(16)[da - tmõ) - ˈhɨ] "óculos"
PP olho casca
(lit.: "casca para olho")

(17)[ʂika-nõduˈptɔ] "relógio"
galinha estômago/bucho
(lit.: "estômago de galinha (moela)")

O pronome pessoal (PP) *da-*, observado nos exemplos (10), (11), (15) e (16), foi definido por Santos (2001), ao analisar a morfologia do substantivo xerente. Segundo o autor (que o define como Prefixo de Possuidor Não Identificado – PPNI), nesta língua o substantivo pode ser obrigatoriamente, facultativamente ou não possuído. O prefixo *da-*, assim, aparece ligado aos substantivos obrigatoriamente possuídos (como os que denotam partes do corpo humano e termos de parentesco) quando estes não são marcados por um possuidor definido. Desta forma, podemos entender *dapra* como "pé de alguém" ou *datmõ* como "olho de alguém". No dado (13) encontramos um exemplo em que o prefixo *da-* não aparece junto ao mesmo item lexical tratado em (15). O que acontece é que em (13) o possuidor é definido, ou seja, o "pé" pertence ao "veículo" na formação, em xerente, do conceito "pneu", emprestado do português.

3.2 Termos de classe

Sousa Filho (2007) destaca a importância dos termos de classe como "a grande fonte de composição de novas palavras em Xerente" (op. cit., p. 108). Como afirma o autor, essas raízes nominais ocupam posições nucleares e são agregadas a outros nomes, classificando-os e determinando a formação de uma classe organizadora. Este processo também foi identificado na adoção de empréstimos "criados" pelos Xerente, como os que seguem:

ɾom~ɾo "coisa"

(18) [ɾɔm - kũhõ - tbɾ - ˈkwa]   "balsa"
coisa+aquele+atravessar+NMZ
(lit.: "aquela coisa de atravessar")

(19) [ɾɔm-nhɨɾ-ˈʐɛ]   "canivete"
coisa+cortar+NMZ
(lit.: "coisa que corta")

(20) [ɾɔm-kuʂki-ˈʐɛ]   "chave de fenda"
coisa+apertar+NMZ
(lit.: "coisa que aperta")

(21) [ɾɔm-kwapʂi-ˈʐɛ]   "martelo"
coisa+bater/golpear+NMZ
(lit.: "coisa que bate/golpeia")

(22)[ɾ-pɾum-ʐapaɾ-ˈʐɛ]   "pá"
coisa+despedaçar/dividir+pegar+NMZ
(lit.: "coisa que despedaça e pega [outra coisa]")

hɨ   "casca/pele"

(23)[da-pɾa-ˈhɨ]   "chinelo"
PP+pé+casca/pele
(lit.: "casca/proteção para pé")

(24)[da-tmõ)-ˈhɨ]   "óculos"
PP+olho+casca
(lit.: "casca/proteção para olho")

kɨ   "líquidos"

(25)[kɨ-ʐapaɾ-ˈʐɛ]   "copo"
líquido(água)+pegar+NMZ
(lit.: "pegador de água")

(26)[kɨ-ʐeknẽ)-ˈʐɛ]   "copo"
líquidos+beber+NMZ
(lit.: "bebedor de líquidos")

(27)[kɨ-waineˈɾe]   "xarope"
líguido+balançar/agitar
(lit.: "líquido de/para agitar")

(28)[kɨ-i-kuˈʐɛ]   "aguardente/pinga"
água+VL+catinga/mal cheiro
(lit.: "água mal-cheirosa")

(29)[kɨ-wahɨ-ˈʐɛ] "geladeira"
água+esfriar+NMZ
(lit.: "*resfriador* de água")

Nos exemplos de (18) a (29), os nomes rɔm~rɔ, hɨ e kɨ aparecem como núcleo do composto e classificam os nomes que a eles se adjungem. Outros termos de classe, como hesuka "folha para escrever/papel", skuza "roupa/vestimenta" e ktwra "ferro", também foram identificados em nosso corpus. Quanto à posição destes termos junto aos nomes, podem ser proclíticos (ex. (28)) ou enclíticos (exs. (23) e (24)), e, junto aos verbos, são proclíticos (Sousa Filho, 2007, p. 115).

3.3 Características fonético/fonológicas e morfológicas dos empréstimos por criação

Como dito anteriormente, esta modalidade de empréstimos, em Xerente Akwẽ, mantém as características gramaticais da língua e vai ao encontro do pensamento de Grosjean (1982), quando assegura que a influência da segunda língua (nesse caso o português) é puramente semântica e não fonética ou morfológica. Apresento a seguir algumas possibilidades combinatórias na constituição morfológica dos empréstimos.

3.3.1 Combinações morfológicas possíveis

Além de nomes, pronomes, verbos e advérbios, os novos termos são compostos ainda por marcadores nominais e verbais, além de partículas relacionais. A composição pode se dar pela aglutinação ou justaposição das palavras simples. As combinações morfológicas encontradas nos empréstimos criados pelos Xerente são basicamente as seguintes:

· N (+ V) + N

(30) [aɾbɔ-paˈi] "guarda-chuva"
     N   N
     morcego+asa
(lit.: "asa de morcego")

(31) [twɾa-wɾa-nokˈda] "combustível"
     N   V   N
     ferro+correr+alimento
(lit.: "alimento do ferro que corre (carro)")

(32) [twɾa-wɾa-ˈpɾa] "pneu"
     N   V   N
     ferro+correr+pé
(lit.: "pé do carro")

(33) [ʂika-nɔ̃duˈpt] "relógio"
     N   N
     galinha estômago/bucho
(lit.: "estômago da galinha (moela)")

· N (+ N) + V (+V) (+ NMZ)

(34) [dakka-kunuˈmo)] "xarope"
     N   V
     tosse+medicar
(lit.: "medicador para tosse")

(35) [kɨ-i-kuʐɛ-n ɾ ˈwa] "bar"
     líquido+VL+mal cheiro+morar
         N   N   V
(lit.: "casa/morada da cachaça")

(36) [ktwɾa-ˈmẽ] "rádio"
     N V
     ferro+falar
     (lit.: "ferro que fala")

(37) [ktwɾa-mẽ)-ˈɾe] "telefone celular"
     N V
     ferro+falar+DIM
     (lit.: "ferro pequeno que fala")

(38) [ɾɔwaku-kmɔ̃nɔ̃-ˈʐɛ] "ventilador"
     N V
     vento+fazer+NMZ
     (lit.: "feitor (que faz) de vento")

(39) [dakka-kunmõ)-ˈʐɛ] "xarope"
     N V
     tosse+medicar+NMZ
     (lit.: "medicador (remédio) para tosse")

(40) [kupakbu-ʂõm-ˈʐɛ] "panificadora"
     N V
     beiju de mandioca (quitanda em geral)+dar+NMZ
     (lit.: "lugar onde se dá biscoitos" [trad. possível])

(41) [tkai-ʐapaɾ-ˈʐɛ] "pá"
     N V
     terra +acolher/pegar+NMZ
     (lit.: "pegador de terra")

(42) [ktwɾa-kɾẽkwa-wahɨɾi-ˈʐɛ] "chave de fenda"
     N V V
     ferro+apontar+cortar+NMZ
     (lit.: "ferro para cortar e apontar")

(43)[piẓa-daṣa-ĩ-kahɾ-ˈẓɛ]   "panela"
　　　N　N　V
panela+comida+VL+cozinhar+NMZ
(lit.: "panela de cozinhar comida")

· N (+ N) + ADV (+ NMZ)

(44)[aɾbɔɔ-pai-waˈwẽ]   "avião"
　　　N　N　ADV
morcego+asa+ muito
(lit.: "asa de morcego muito grande")

(45)[kuba-waˈwẽ]   "balsa"
　　　N　ADV
barco+muito
(lit.: "barco muito grande")

(46)[hesuka-nmẽ-ˈẓɛ]   "pasta" (para guardar papel)
　　　N　ADV
papel+ aqui+NMZ
(lit.: "lugar [ideal] para papel")

(47)[ṣkuza-nmẽ-ˈẓɛ]   "guarda-roupa"
　　　N　ADV
roupa+aqui+NMZ
(lit.: "lugar [ideal] para roupas")

(48)[wdêpro-nmẽ-ˈẓɛ]   "garrafa" (para café)
　　　N　ADV
café+aqui+NMZ
(lit.: "lugar para café")

(49) [ktwɾa-nokta-nmẽ-ˈʒɛ]   "posto de combustível"
       N N ADV
carro+alimento+aqui+NMZ
(lit.: "lugar para (comprar) alimento do carro")

· PRN + V (+V) (+ NMZ)

(50) [ka-kuĩˈgɾɛ]   "giz"
   PRN V
2 (você)+escrever
(lit.: "coisa com que você escreve")

(51) [ĩ-kuptom-ˈʒɛ]   "cola"
   PRN V
1 (meu)+untar/melar+NMZ
(lit.: "meu untador (de papel)")

(52) [ĩ-kuĩgɾɛ-ˈʒɛ]   "caneta"
   PRN V
1+escrever+NMZ
(lit.: "meu escrevedor")

(53) [ĩ-wawi-ˈʒɛ]   "giz"
   PRN V
1+desenhar+NMZ
(lit.: "meu desenhador")

(54) [ĩ-paɾ-ˈʒɛ]   "apagador (de quadro)"
   PRN V
1+matar, assassinar+NMZ
(lit.: "meu matador (eliminador)")

(55) [**da-kunmõ-ˈkwa**]   "médico"
PRN V
de alguém+medicar+NMZ
(lit.: "(algum, qualquer um) medicador/aquele que medica")

(56) [**da-hẽba-kmɔ̃dkɨ-ˈʐɛ**]   "televisão"
PRN V V
3+existir, ter corpo físico (imagem)+ver+NMZ
(lit.: "coisa existente que vemos/a imagem que vemos")

· PRN + N + N (+ NMZ)

(57) [**da-pɾa-ˈhɨ**]   "chinelo"
PRN N N
de alguém+pé+casca
(lit.: "casca para pé (de alguém)")

(58) [**da-tmõ-ˈhɨ**]   "óculos"
PRN N N
de alguém+olho+casca

(lit.: "casca para olho (de alguém)")

(59) [**da-ʂdawa-pɾɛ-ˈʐɛ**]   "batom"
PRN N N
de alguém+boca+vermelho+NMZ
(lit.: "avermelhador de boca (de alguém)")

·V (+ NMZ) + V (+NMZ)

(60) [rɔwahtu-norõˈwa]   "escola"
       V V
    ensinar+habitar/morar
    (lit.: "casa/morada do ensino")

(61) [rɔahtu-ʐɛ-norõˈwa]   "escola"
       V V
    ensinar+NMZ+morar
    (lit.: "casa/morada do professor")

(62) [rɔm-hẽba-warbɔɛ-ˈʐɛ]   "televisão"
       V V
    CLAS+existir, ter corpo físico
    (imagem)+sair+NMZ
    (lit.: "coisa existente que sai/a imagem que sai")

Além de nomes, pronomes, verbos e advérbios, os nomes são compostos ainda por marcadores nominais e verbais, além de partículas relacionais. Em resumo, as combinações observadas na composição dos empréstimos criados em Xerente são:

- N+N e sua variação: N+V+N;
- N+V e suas variações: N+N+V, N+V+NMZ e N+V+V+NMZ;
- N+ADV e suas variações: N+N+ADV, N+ADV+NMZ e N+N+ADV+NMZ;
- PRN+V e suas variações: PRN+V+NMZ e PRN+V+V+NMZ;
- PRN+N+N e sua variação: PRN+N+N+NMZ e
- V+V e suas variações: V+NMZ+V e V+V+NMZ.

Além dessas combinações possíveis observadas com maior frequência, há entre os dados exemplos específicos, constituídos a partir de formas complexas.

3.3.2 Formas complexas

Como discutido anteriormente, determinar os limites da palavra na língua xerente não é tarefa fácil. Assim, se considerarmos o critério semântico para classificar os exemplos que seguem, estes podem ser tratados como uma só palavra, ou seja, uma expressão complexa que refere uma ideia ou um objeto, com significado mais específico ou diferente do que os significados das palavras que a formam. Contudo, o mesmo não se dá se considerarmos outros critérios (como o ortográfico, fonológico ou gramatical).

Aronoff (1976, p. 35), quanto à noção de produtividade morfológica, considera que em morfologia muita coisa é possível e algumas coisas, entretanto, são mais possíveis do que outras. Segundo o autor, no léxico mental do falante encontram-se armazenadas as palavras existentes na língua, que podem conter apenas um morfema ou podem ser compostas por morfemas identificáveis, cujo sentido não é composicional e sim imprescindível. Já as formas complexas, ainda que bem formadas morfologicamente, ficam fora do léxico, uma vez que a análise de seus componentes é processada por completo e facilmente através da gramática do falante. Assim, a palavra será ouvida e compreendida claramente, sendo descartada em seguida, sem entrar no léxico mental do indivíduo.

Para os fins deste livro, trato os exemplos aqui como formas complexas que, na verdade, caracterizam *perífrases* que os próprios Xerente criam para fazer referência a um novo conceito/objeto, como segue:

(63)[ai-ṣi-mnõ-t-pṣe-kta-ˈdi]   "ponto/nota"
você+REF + PRN Indef. (cada um do grupo) +
melhorar + CL + autêntico/verdadeiro + PRED
(lit.: "para você e cada um se tornar melhor e
ser/estar autêntico")

(64)[kumnkɔ̃-ṣktuɾe-wankõ-wanõˈrĩ]   "revólver"
espingarda + pequeno + não índio + nós
(lit.: "espingarda pequena de nós (os índios e os
brancos)")

(65)[kɨ-nɔ̃-hɔ̃-da-kunmõ-ˈʐɛ]   "remédio"
líquido + recomendar + ENF + PP + medicar +
NMZ
(lit.: "líquido recomendado (pelo doutor) para curar")

(66)[daka-kunmõ-ʐɛ-ĩ-ṣõku-i-nẽ-ˈhɔ̃]   "xarope"
tosse + medicar + NMZ + 1 + CLAS (sem
consistência sólida) + VL + CONJ (como, semelhante a)+ENF
(lit.: "remédio para tosse semelhante a caldo/líquido")

Estes exemplos foram dados na tentativa de "improvisar" uma forma que utilizasse apenas elementos da língua indígena na constituição dos novos conceitos, pelos falantes xerente. Em geral, os exemplos acima não são recorrentes, ou seja, foram dados por apenas um falante. Na ocasião da coleta dos dados, observei que os colaboradores que deram estas respostas (geralmente os +velhos) pensavam bastante antes de formulá-las, ou chegavam mesmo a começar a responder com uma forma "aportuguesada" e, em seguida, interrompiam e faziam as perífrases ou diziam que não sabiam, assim:

"posto" → [kamĩɔ̃wnõk...] *quer dizer...*
[wderakwanõkutaʒɛnoroˈwa]

"contar" → [waẓakõˈta...] *pera aí, to errando... não sei não...*

"bar" → [rɔmwahivẽd... rɔmwahɨnõrõˈwa]

Com base nesses exemplos, é possível identificar mais um indício de que os empréstimos criados não estão passando pelo uso coletivo dos Xerente e, pelo contrário, dão lugar às formas mais próximas do português.

Por outro lado, essa atitude também demonstra uma preocupação por parte destes mesmos falantes em não usar as formas "aportuguesadas" e prestigiar os termos e a estrutura da própria língua, pelo menos durante a coleta direta dos dados – momento em que podem refletir sobre a própria língua e 'pensar' antes de dar as respostas.

4. Loanblends

O termo *loanblends* (Grosjean, 1982) designa uma modalidade de empréstimos na qual os compostos são formados por uma parte emprestada do português e outra originária da língua indígena. Esse processo de criação de novas palavras é bastante produtivo em Xerente, como podemos observar:

(67) [had - n kuˈda]   "pilha"
     rádio alimento

                                    (lit.: "alimento do/para rádio")

(68) [kah - n kɾda - vẽde - ˈʐɛ] "posto (de combustível)"
carro alimento vender NMZ
(lit.: "*vendeção* de [lugar de vender] alimento do carro")

(69) [kah-ˈpɾa] "pneu"
carro pé
(lit.: "pé do carro")

(70) [kamĩaw-ˈɾe] "carro"
caminhão DIM
(lit.: "caminhão pequeno (caminhãozinho)")

(71) [kafɛ - ʐapaɾ - ˈʐɛ] "garrafa de café"
café colocar NMZ
(lit.: "*colocador* de café")

(72) [pɔ̃w-kukɾɛ-ˈʐɛ] "manteiga"
pão untar NMZ
(lit.: "*untador* de pão")

(73) [hɛmɛd-nõˈa] "farmácia"
remédio lugar
(lit.: "lugar de (comprar) remédio")

(74) [fi-ˈwde] "poste"
fio árvore
(lit.: "pé de fio")

(75)[hɛmɛd-tmõ-ˈɾɛ]   "remédio em comprimido"
remédio olho grande
(lit.: "remédio (como) olho grande")

4.1 Aspectos fonético/fonológicos dos loanblends

Os empréstimos do tipo *loanblend*, em Xerente, apresentam, de uma forma geral, características fonético/fonológicas inerentes às características da própria língua indígena, dado a palavra como um todo. No entanto, a parte emprestada do português pode ser adaptada ou não aos moldes da língua indígena. Nos exemplos seguintes, observamos as partes destacadas exatamente como são no português.

(76)[kamĩə̃w-nok(u)ˈda]   "combustível"
caminhão alimento
(lit.: "alimento do caminhão")

(77)[lapiʂ-kɾẽkwa-ˈʐɛ]   "apontador"
lápis apontar NMZ
(lit.: "apontador de lápis")

(78)[ɾɔm-gə̃ɲa-ˈkwa]   "ponto/nota"
coisa ganhar NMZ
(lit.: "coisa com que se ganha")

(79)[ĩ-hɛʂpõde-ˈʐɛ]   "lápis"
1 responder NMZ
(lit.: "meu respondedor")

Em (76), há a sequência [ɔ̃w], que não é comum em Xerente, assim como a lateral alveolar [l] em (77), a oclusiva velar vozeada [g] e a nasal palatal [ɲ] em (78). Neste último exemplo e em (79), embora haja o apagamento da fricativa [h] em posição de *coda*, em final de sílaba, da forma padrão do português, não o consideramos como uma adaptação, pois é a forma oral recorrente na região, mesmo entre os não índios (mais detalhes sobre o assunto no item 5, adiante).

Por outro lado, outros exemplos apresentam adaptações fonéticas:

(80)[hɛmɛd-nõˈku]   "remédio líquido"
    remédio CLAS
(lit.: "remédio sem consistência sólida")

(81)[kuɛ - nipkraˈi]   "garfo"
    colher dedo da mão
(lit.: "dedos de (como) colher")

(82)[ɛnɛʒi-ˈwde]   "poste"
    energia+árvore
(lit.: "pé de energia")

As adaptações fonéticas na adoção de empréstimos do português pelos Xerente serão detalhadas no item 5, adiante.

Há ainda um exemplo em que, na mesma palavra, um termo é adaptado e outro não:

(83)[ĩ-kwad-ʂtuda-ˈda]   "aula"
    1+quadro+estudar+PRPS (para, com a finalidade de)
(lit.: "meu quadro para estudar")

4.2 Morfologia dos loanblends

Morfologicamente, os *loanblends* apresentam características semelhantes às dos empréstimos criados pelos Xerente, quanto às formas combinatórias na composição dos novos termos.

· N+N

(84) [kah-ˈpɾa]   "pneu"
    N N
carro+pé
(lit.: "pé do carro")

(85) [kuɛ - nipkraˈi]   "garfo"
    N N
colher+dedo da mão
(lit.: "dedos de (como) colher")

· N+V e suas variações: N+V+NMZ, N+N+V+NMZ e N+V+V+NMZ

(86) [pɾofeʂo-ʐa-kmɔ̃ˈnɔ̃]   "aula"
    N V
professor+3FUT+fazer
(lit.: "o professor vai fazer")

(87) [paɾafuʐ-waiɾom-ˈʐɛ]
         N   V
   parafuso+afrouxar, folgar+NMZ
   (lit.: "afrouxador de parafusos")

"chave de fenda"

(88) [kah-duɾ-ˈʐɛ]
     N   V
  carro+carregar+NMZ
(lit.: "utensílio para carregar (carregador de) carro")

"balsa"

(89) [kah-tmɔ̃-tbuɾ -ˈʐɛ]
     N   V
  carro+DAT+atravessar+NMZ
(lit.: "utensílio para atravessar (atravessador de) carro")

"balsa"

(90) [kah-n kɾda-vẽde-ˈʐɛ]
     N N V
  carro+alimento+vender+NMZ
(lit.: "vendeção de [lugar de vender] alimento do carro")

"posto (de combustível)"

(91) [rɔm-wahɨ-vẽde-ˈʐɛ]
     N V V
  coisa+esfriar+vender+NMZ
(lit.: "coisa que vende sorvete (coisas frias)")

"sorveteria"

· PRN+V e suas variações: PRN+V+NMZ e
  PRN+N+V

(92) [tɛ-ʂtuˈda]   "escola"
     PRN V
     2+estudar
(lit.: "(lugar de) você estudar")

(93) [tɛ-paʂa-ˈda]   "ponto/nota"
     PRN V
2+passar (de série)+PRPS (para, com a finalidade de)
(lit.: "para você passar (de série)")

(94) [da-ʂi-kuʂbi-ˈzɛ]   "guarda-chuva"
     PRN V
     3+REF+cobrir+NMZ
(lit.: "coisa para se cobrir")

(95) [ĩ-kwad-ʂtuda-ˈda]   "aula"
     PRN N V
1+quadro+estudar+PRPS (para, com a finalidade de)
(lit.: "meu quadro para estudar")

· Formas complexas

(96) [ṣõbrĩ-ĩ-kɨ-kwaba-kmõ-ṣi-kuṣbi-ˈda]   "guarda-chuva"
sombrinha+VL+água+vocês+POSP+REF+cobr
PRPS (com a finalidade de)
(lit.: "sombrinha para vocês se cobrirem/prote-
gerem da água")

Há também na formação dos *loanblends* a utilização dos termos de classe xerente, como nos exemplos (9) a (103).

(97) [rɔm-gõɲa-ˈkwa]   "ponto/nota"
coisa+ganhar+NMZ

(lit.: "coisa com que se ganha")

(98) [rɔm-pĩta-ˈʐɛ]   "lápis-de-cor"
coisa+pintar+NMZ

(lit.: "coisa que pinta")

(99) [rɔm-vẽde-ˈʐɛ]   "mercado"
coisa+vender+NMZ

(lit.: "coisa que vende [coisas]")

(100) [rɔm-wahɨ-vẽde-ˈʐɛ]   "sorveteria"
coisa+esfriar+vender+NMZ

(lit.: "coisa que vende sorvete [coisas frias]")

(101) [heṣuka-midi-ˈʐɛ]   "régua"
papel+medir+NMZ

(lit.: "medidor de papel")

(102) [heṣuka-pĩta-ˈʐɛ]   "lápis-de-cor"
papel+pintar+NMZ
(lit.: "coloridor de papel")

(103) [heṣuka-gwahda-ˈʐɛ]   "pasta (para guardar papel)"
papel + guardar + NMZ
(lit.: "guardador de papel")

A parte emprestada do português, nos *loanblends*, pode ser um verbo e/ou um nome e pode aparecer na posição inicial dos termos, quando se tratar de um nome, ou final, no caso dos verbos, como nos exemplos adiante.

a. Nomes em posição inicial

(104) [kah-n kɾda-vẽde-ˈʐɛ]   "posto (de combustível)"
(105) [kamiɔ̃-kupṣoĩ-ˈʐɛ]   "combustível"
(106) [kop-kɨ-ʐapaɾ-ˈʐɛ]   "copo"
(107) [kafɛ-ʐapa-ˈʐɛ]   "garrafa de café"

b. Verbos em posição final

(108) [tɛ-ṣtuˈda]   "escola"
(109) [tɛ-paṣa-ˈda]   "ponto/nota"
(110) [ĩ-nĩ-vẽde-ˈʐɛ]   "açougue"
(111) [ɾom-kõpɾa-ˈʐɛ]   "mercado"

A regra quanto à posição dos nomes e verbos na composição dos termos parece respeitar o padrão sintático predominante da língua Xerente. Segundo Sousa Filho (2007), a língua xerente apresenta predominantemente a ordem SOV em orações declarativas simples, como no exemplo de Sousa Filho (op. cit., p. 300) e nos exemplos (112) e (113):

    Tahə̃   mə̃to   amkɛ   wĩ
    ele   3PAS   cobra   matar
    (S)   (O)   (V)
"Ele matou a cobra".

(112)[kop - kɨ - ʐapaɾ -ˈʐɛ]   "copo"
  copo água colocar NMZ
        (S)   (O)   (V)
"copo para colocar (*colocador de*) água"

(113)[da - ʂi - kuʂbi - ˈʐɛ]   "guarda-chuva"
                             REF cobrir
       3   NMZ
      (S)   (O)   (V)
"coisa para se cobrir"

Outra característica dos *loanblends* na língua xerente é que a parte originária do português pode receber os marcadores e outros morfemas modificadores dos nomes e verbos xerente, ou seja, o termo português, mesmo mantendo sua aparência fonológica, é integrado à estrutura morfológica do Xerente:

      (114)[kamĩaw-ˈɾe]   "carro"
        caminhão+DIM
(lit.: "caminhão pequeno (caminhãozinho)")

      (115)[hɛmɛd-nõˈku]   "remédio líquido"
       remédio + CLAS
(lit.: "remédio sem consistência sólida")

(116)[da-ʂi-kuʂbi-ˈʐɛ]   "guarda-chuva"
3+REF+cobrir+NMZ
(lit.: "coisa para se cobrir")

(117)[rɔm-gɔ̃ɲa-ˈkwa]   "ponto/nota"
coisa ganhar NMZ
(lit.: "coisa com que se ganha")

(118)[tɛ-paʂa-ˈda]   "ponto/nota"
2+passar (de série)+PRPS (para, com a finalidade de)
(lit.: "para você passar (de série)")

Em (114), o nome português recebe o marcador de grau diminutivo –Re da língua xerente e em (115), é modificado pelo classificador[21] xerente -nõku, que indica coisas que não possuem consistência sólida. Já no exemplo (116), o verbo português é precedido pelo pronome reflexivo –si-, que orienta a ação verbal, além de receber o nominalizador xerente -ʐɛ, o mesmo que acontece em (117), porém com o nominalizador -kwa. Em (118), a posposição -da acrescenta a noção de propósito ao verbo português.

No próximo capítulo, veremos como os *loanblends* são amplamente usados em todas as faixas etárias, por homens e mulheres e se dá tanto nas aldeias como na cidade.

5. Empréstimos com adaptação fonético/fonológica

Nesta modalidade de empréstimos, os itens lexicais emprestados de uma língua são fonologicamente adaptados àquela que os incorporou. Romaine (1995) utiliza o termo "nativização" para

---

21. Mithun (apud Sousa Filho, 2007, p. 112) afirma que os classificadores operam sobre uma base semântica, implicando certos traços característicos do referente do sintagma nominal, mas não certos traços lexicais de um nome em particular. Na língua Xerente, Sousa Filho (op. cit.) os encontra em correferência com nomes, ocorrendo fonologicamente apoiados em nomes ou em verbos, funcionando como clíticos.

caracterizar este processo de "filtragem" por que passam os termos emprestados da L2 para L1. Assim, quando um fone do português não existe no xerente, por exemplo, este é adaptado através da substituição por outro mais próximo, segundo o ponto ou o modo de articulação. A seguir, exibimos os exemplos que caracterizam alguns processos de adaptação dos empréstimos de L2 para L1.

· Substituição consonantal

<table>
<tr><th>Xerente</th><th>Português</th></tr>
<tr><td>(119)[buˈʐõw]
ʒ → ʐ</td><td>"garrafa de plástico (bujão)"</td></tr>
<tr><td>(120)[ˈʐiş]
ʒ → ʐ</td><td>"giz"</td></tr>
<tr><td>(121)[pikɔˈɾɛ]
l → ɾ</td><td>"picolé"</td></tr>
<tr><td>(122)[ɛɾiˈkɔp]
l → ɾ</td><td>"helicóptero"</td></tr>
<tr><td>(123)[ˈpiɾ]
ʎ → ɾ</td><td>"pilha"</td></tr>
<tr><td>(124)[şikaˈɾĩ]
g → k</td><td>"cigarro"</td></tr>
<tr><td>(125)[şaˈɾɔp]
ʃ → ş</td><td>"xarope"</td></tr>
</table>

(126)[ʂuˈteɾ]   "chuteira"

ʃ → ʂ

(127)[baˈʂoɾ]   "vassoura"

v → b

Nos exemplos acima, há uma substituição consonantal de um fonema português por outro xerente que dele mais se aproxima. Em (119) e (120) a fricativa alveopalatal [ʑ] dá lugar à fricativa retroflexa [ʒ], ambas vozeadas. Nos exemplos (121) e (124), a lateral alveolar vozeada [l] é substituída pelo tepe alveolar [ɾ] e em (123) o mesmo [ɾ] substitui a lateral palatal [ʎ]. Em (124) e (125) a fricativa retroflexa desvozeada [ʃ] substitui a fricativa alveopalatal [ʂ], também desvozeada. No exemplo (122), há a substituição da oclusiva velar vozeada [g] pela desvozeada [k]. Em (127) a fricativa labiodental vozeada [v] é substituída pela oclusiva bilabial vozeada [b]. É importante notar que [Z], [l], [ʎ], [ʂ], [g] e [v] não ocorrem como fonemas na língua xerente.

Além disso, a substituição consonantal que ocorre no exemplo (127) também é muito comum na variedade do português falado em Tocantínia. Também é semelhante ao que ocorre no português o processo descrito a seguir, que diz respeito à monotongação de vogais.

· Monotongação (VV → V)

Xerente	Português
(128)[aˈʂog]	"açougue"

ou → o/C_C

(129) [baˈʂoɾ] "vassoura"
ou → o/C_C

(130) [ˈgo] "gol"
ou → o/_#

(131) [ĩˈzɔ] "anzol"
ɔu → ɔ_#

(132) [iʂˈkeɾ] "isqueiro"
ei → e/C_C

(133) [ʂuˈteɾ] "chuteira"
ei → e/C_C

(134) [ˈmea] "meia"
ei → e/C_V

(135) [buˈtõ] "botão"
õu → õ/_#

O processo de monotongação exemplificado acima mostra como os empréstimos adaptados da L2 para L1 apresentam características semelhantes a um dos processos fonológicos descritos por Braggio (2005b, p. 10), ao comparar os dados de Martius (1866) com os de Maybury-Lewis (1965), dentro da própria língua Xerente:

VV → V

(136) eu → e/_#

nojeu

*noje → forma atual: noze

(137) ai →/ e_#

pouncouanai

*poncouane → forma atual:
põkwane

(138) ou → u/_#

*crebou → forma atual
krebu

(139) ou → o/C_C

pouncouanai

*poncouanai → forma atual:
põkwane

· Apagamento da vogal final

Há em Xerente Akwẽ um processo de adaptação dos termos emprestados que consiste no apagamento da vogal final da palavra e que é bastante produtivo na língua, como nos exemplos:

Xerente	Português
(140)[ˈkawṣø]	"causa"
a → ø/_#	

(141) [va'ʂinø]   "vacina"
a → ø/_#

(142) [ʂa'rɔpø]   "xarope"
ĩ → ø/_#

(143) ['kɔpø]   "copo"
ʊ → ø/_#

(144) [ve'nenø]   "veneno"
ʊ → ø/_#

Segundo Braggio (2005b-2008), este e outros apagamentos da língua têm a ver com o acento em Xerente[22], que ocorre na última sílaba da palavra em uma língua predominantemente aglutinante. Para Braggio (2005b, p. 3-4):

> esse acento, quando da aglutinação de outros elementos como marcadores de substantivos, adjetivos etc, levam as sílabas iniciais da palavra no *onset* a ficarem fracas, do lado esquerdo, ocorrendo o apagamento de vogais e consoantes e também na coda, principalmente em substantivos.

Nos exemplos (140) a (144) os nomes portugueses têm acento na penúltima sílaba. Ao serem adaptados para o Xerente, há o apagamento da vogal final (núcleo da sílaba), levando o *onset* da última sílaba para a posição de *coda* da sílaba anterior. Dessa

---

22. O acento em Xerente, assim como outros processos fonético/fonológicos da língua, encontra-se em fase de estudo por Braggio. Alguns desses processos podem ser contemplados em Braggio (2005b).

forma, o acento também recai sobre essa sílaba, que passa a ser a sílaba final (ou a única) da palavra.

· Outros apagamento(s) na(s) sílaba(s) final(is) relacionados ao acento

Como observamos em nossos dados, o acento da língua está relacionado ao apagamento não só da vogal final, mas também de parte do *onset* e a *coda* da última sílaba e até mesmo de sílabas finais inteiras, como nos exemplos seguintes.

Xerente	Português
(145)[ˈhegø]	"régua"
wa → ø/_#	
(146)[ˈkwadø]	"quadro"
ɾʊ → ø/_#	
(147)[fahˈmaʂø]	"farmácia"
ya → ø/_#	
(148)[kõbuʂˈtʃivø]	"combustível"
ew → ø/_#	
(149)[ˈlə̃paø]	"lâmpada"
da → ø/_#	
(150)[ʂõˈbrĩø]	"guarda-chuva (sombrinha)"
ɲa → ø/_#	

(151)[ɛliˈk pø]   "helicóptero"
teru → ø/_#

(152)[ˈkø]   "óculos"

ulus → ø/_#

(153)[ˈnumø]   "número"
eru → ø/_#

Nos empréstimos xerente acima, há o apagamento à direita da sílaba acentuada no português, fazendo com que o acento recaia sobre a última sílaba da palavra adaptada. Desta forma, quando um termo português possui o acento na antepenúltima sílaba, pode chegar a perder elementos nas duas sílabas finais, como em (151), (152) e (153).

· Apagamento de [h] em posição de coda na sílaba final tônica

Xerente   Português
(154)[kõptaˈdoø]   "computador"
h → ø/_#

(155)[lapişdiˈkoø]   "lápis-de-cor"
h → ø /_#

(156)[ˈbaø]   "bar"
h → ø/_#

(157) [paga'doø]   "apagador"
   h → ø/_#

(158) [ʂeru'laø]   "(telefone) celular"
   h → ø/_#

Como o fonema [h] não ocorre na língua xerente em posição de *coda* na última sílaba, travando a palavra, ou seja, a sílaba que recebe o acento, há o apagamento do fonema na adaptação dos termos da L2 que possuem esta característica, conforme os exemplos acima. Embora mereça melhor análise, esse apagamento também parece existir na variedade regional do português falado em Tocantínia pelos não índios, caracterizando mais uma motivação para a adaptação dos empréstimos exemplificados acima ((154) a (158)).

Estudos futuros podem confirmar ou não se esse apagamento se dá quando há a aglutinação de posposições xerente ao nome adaptado da L2, uma vez que nestas condições o acento normalmente será deslocado para a direita. Nas palavras da L2 em que [h] ocorre travando a *coda* de sílabas que não a última, o apagamento não acontece na adaptação para a L1, como nos exemplos:

Xerente	Português
(159) [tɔh'neɾ]	"torneira"
(160) [fah'maʂ]	"farmácia"
(161) [mah'tɛl]	"martelo"
(162) [mɛh'kad]	"mercado"
(163) [lə̃'tɛhn]	"lanterna"
(164) [ka'dɛhn]	"caderno"
(165) ['ʂɔht]	"short (tipo de calção esportivo masculino)"

Em casos específicos, em que [h] ocorre em posição de *coda* seguido pelas consoantes fricativas [v] ou [ʒ] no *onset* da sílaba seguinte, [h] pode ser apagado ou ainda pode ser substituído por [ɾ], quando seguido de [v], como nos exemplos:

Xerente	Português
(166)[ʂoɾveteˈɾi]	"sorveteria"
h → ɾ/_ σv	
(167)[ʂoøˈvet]	"sorvete"
h → ø/_σv	
(168)[ʂoɾˈvet]	"sorvete"
h → ɾ/_σv	
(169)[ʂeøˈveʒ]	"cerveja"
h → ø/_σv	
(170)[ʂeɾˈvez̗]	"cerveja"
h → ɾ/_σv	
(171)[eneøˈʒi]	"energia"
h → ø/_σʒ	

· Regionalismos adaptados

Os dados seguintes exemplificam alguns regionalismos adotados pelos Xerente e que são comuns na fala corrente dos não índios que habitam Tocantínia/TO. Estas formas, características da variedade do português local, também podem ser adaptadas pelos mesmos processos descritos anteriormente quando são emprestados pela L1.

Xerente	Português
(172)[buˈzʃɔ̃w]	"bujão (recipiente plástico para líquidos, garrafa)"

ʒ → zʲ

| (173)[rəˈbretø] | "lambreta (chinelo do tipo havaiano)" |

l → ɾ/#_
a → ø/_#

| (174)[maˈhetø] | "marreta (martelo)" |

a → ø/_#

| (175)[ˈhɛkø] | "reca (feixe, zíper da calça)" |

a → ø/_#

| (176)[hɔˈdaʒø] | "rodagem (rodovia)" |

ẽi → ø/_#

| (177)[ʂõˈbrĩø] | "sombrinha (guarda-chuva)" |

ɲa → ø/_#

Nos exemplos (178) e (179) há adaptações das formas regionais do português falado em Tocantínia, no qual é comum a substituição da lateral palatal vozeada [ʎ] pela aproximante [y]. Em (178) há um exemplo de monotongação e em (179) há o apagamento da vogal final, com o deslocamento do acento para a última sílaba.

Xerente	Português
(178)[kuˈɛ]	[kuyˈɛ] "colher"

uy → u/C_V

(179)[ˈteyø]   [ˈteya] "telha"

a → ø/_#

Os processos apresentados neste item dão apenas uma amostra das possibilidades de adaptação fonético/fonológica dos empréstimos de L2 para L1, com o intuito de expor aqui a relevância desse fenômeno em relação às variáveis extralinguísticas apresentadas no capítulo 4. Como veremos, esses empréstimos são de uso predominante dos falantes +-jovens, +jovens e crianças, homens e mulheres, que vivem na cidade, embora também sejam amplamente usados nas aldeias. Um aprofundamento do assunto relativo aos processos de adaptação fonético/fonológica dos empréstimos em Xerente é tarefa futura para esse e/ou outros pesquisadores interessados.

6. Empréstimos diretos

Os tipos de empréstimos descritos nos itens anteriores são bastante comuns no banco de dados e na fala corrente dos Xerente Akwẽ. Nessas modalidades de empréstimo, verificam-se mecanismos que a língua Xerente utiliza para incorporar palavras novas ao seu léxico, seja com adaptações morfofonológicas (e provavelmente sintáticas) do vocábulo emprestado, seja através de termos já existentes nela. Esses processos, como dito anteriormente, fazem parte do curso natural das línguas e se dão pela necessidade de ampliação vocabular em função das novas experiências socioculturais e a necessidade de comunicação decorrente delas. Contudo, empréstimos da língua majoritária são verificados na língua indígena de forma direta, como mostram os dados que seguem.

Xerente	Português
(180) [pikɔˈlɛ]	"picolé"
(181) [ˈpə̃w]	"pão"

(182) [kawˈʂõ̃w] "calção (bermuda)"
(183) [ɔʂpiˈtaw] "hospital"
(184) [ɔ̃ˈz̺w] "anzol"
(185) [fuˈgõw] "fogão"
(186) [ˈpnew] "pneu"
(187) [baˈtõ] "batom"
(188) [bɔˈnɛ] "boné"
(189) [ˈʒiʂ] "giz"
(190) [ˈpia] "pia"
(191) [ˈhua] "rua"
(192) [ˈgow] "gol"
(193) [ˈʃa] "chá"
(194) [ˈlata] "lata"
(195) [ˈlivɾʊ] "livro"
(196) [ˈmeza] "mesa"
(197) [ˈkɔla] "cola"
(198) [ˈawla] "aula"
(199) [ˈpõtʊ] "ponto"
(200) [ˈlapiʂ] "lápis"
(201) [ˈkaʃa] "caixa/baú"
(202) [ʒɛlaˈdera] "geladeira"
(203) [ĩˈʃada] "enxada"
(204) [ˈpoʃtʊ] "posto (de combustível)"
(205) [heˈviʃta] "revista"

Nos exemplos acima, as palavras são emprestadas exatamente como são no português, em seus aspectos fonético/fonológicos e morfológicos, sem passar pelo 'filtro' da língua indígena. É possível observar, inclusive, a ocorrência de sons que não existem fonologicamente no Xerente como [g] (em (185) e (192)), [ʒ] (em (189) e (202)), [ʃ] (em (193), (201), (203), (204) e (205)), [l] (em (194), (197), (198), (200) e (202)) e [v] (em (195) e (205)).

Outro aspecto importante é o acento, que nos exemplos de (194) a (205) se mantém na penúltima sílaba da palavra, preservando a característica da L2, que não ocorre normalmente na L1. Como vimos, o acento em Xerente se dá na última sílaba da palavra.

É possível perceber traços do falar regional tocantiniense nos empréstimos da L2 para L1, como nos exemplos (204) e (205), em que a fricativa alveopalatal [ʃ] aparece na posição de *coda*, o que é comum na variedade do português falado na região pelos não índios. Outros regionalismos também foram emprestados de forma direta:

(206)[kə̃ˈgɔ]	"cangó (bermuda)"
(207)[kaˈzaka]	"casaca (blusa feminina)"
(208)[ˈvẽda]	"venda (mercado)"
(209)[ˈpɔlʊ]	"polo base (posto de saúde indígena, em Tocantínia)"
(210)[poʂˈtĩ]	"postinho (de saúde)"
(211)[pə̃ˈtə̃w]	"pantão (balsa)"

Como veremos no capítulo que segue, este tipo de empréstimo já se dá em número bastante significativo, principalmente na fala dos +jovens que vivem na cidade e os mais escolarizados. Vale o alerta quanto à ocorrência deste tipo de empréstimo, entendido como um indício real de obsolescência de língua, uma vez que se dá por não haver tempo sequer de ser adaptado pela língua indígena, devido à velocidade com que os empréstimos estão entrando, sem esquecer-se da ausência de atitude por parte dos próprios indígenas e das políticas linguísticas que precisam ser adotadas para reverter a situação.

CAPÍTULO IV

As Variáveis Extralinguísticas

Neste capítulo são analisadas as variáveis extralinguísticas que atuam no processo de adoção de empréstimos de L2 para L1. Assim, procura-se aqui abordar a relevância de cada uma delas no intuito de compreender a situação sociolinguística em que se encontra o povo **Xerente Akwẽ**. As variáveis observadas neste livro foram selecionadas a partir de hipóteses investigadas previamente no trabalho de campo e que, mais tarde, foram confirmadas ou não nos próprios dados. Assim, as varáveis que demonstraram maior relevância e que serão analisadas são: I) idade, II) espaço, III) sexo e IV) escolaridade, o que também não esgota a possibilidade de análises futuras com outras variáveis.

As faixas etárias consideradas na composição das células sociolinguísticas são:

Faixa (1): até 10 anos (crianças);
Faixa (2): de 11 a 20 anos (+ jovens);
Faixa (3): de 21 a 49 anos (+- jovens) e
Faixa (4): 50 anos ou mais (velhos).

Para a composição do nosso corpus foram contatadas 59 pessoas, assim distribuídas conforme sexo e idade:

Tabela 1. Xerente de acordo com sexo e idade

Faixa etária	(1)	(2)	(3)	(4)	Total
Sexo					
Masculino(M)	4	10	13	4	31
Feminino(F)	4	14	7	3	28
Total	8	24	20	7	59

A distribuição específica para análise das variáveis espaço e escolaridade será apresentada nos respectivos itens.

Nos dados apresentados neste capítulo, os exemplos possuem, no mínimo, duas respostas para o mesmo item lexical, até casos em que há uma dezena delas. Para uma melhor organização na exposição dos dados em tabelas, foram destacadas aquelas formas respondidas com maior frequência em relação às demais formas.

1. Espaço

Como foi dito no capítulo 1 deste livro, há aproximadamente 300 Xerente vivendo na cidade, entre crianças e idosos. Conforme também já exposto na metodologia, embora a amostragem na cidade não tenha abarcado uma quantidade representativa de falantes em todas as faixas etárias e nos diferentes sexos, foi possível utilizar esses dados pelo menos nas células sociolinguísticas que continham, no mínimo, cinco falantes em cada unidade espacial. Assim, este item conta com os dados coletados dentro das faixas etárias "2" (para ambos os sexos) e "3" (para o sexo masculino), o que condiz com a maior fatia da população Xerente que vive em Tocantínia, formada principalmente por jovens estudantes. A tabela 2 mostra a disposição das células sociolinguísticas que foram consideradas para a análise da variável espaço.

Tabela 2. Xerente de acordo com sexo, idade e espaço

Faixa etária	Sexo	aldeia	cidade	Total
(2)	M	5	5	10
(2)	F	8	6	14
(3)	M	6	7	13

Inicialmente, as variáveis são apresentadas isoladas para, nos itens seguintes (itens 2 e 3), serem apresentados os cruzamentos dos dados entre estas. Desta forma, não há uma preocupação aqui em analisar o mesmo exemplo em todas as faixas etárias possíveis (neste item, as faixas 2 e 3, como explicado acima) e em ambos os sexos, ou seja, neste item o foco é mantido na variável espaço.

As tabelas abaixo demonstram como os empréstimos diretos e adaptados são mais comuns na cidade enquanto que os empréstimos criados ocorrem com maior frequência no espaço da aldeia.

Tabela 3. Variação no espaço aldeia/cidade – faixa etária 3 – sexo Masculino (M) – "avião"

faixa etária - 3		nº de falantes			
sexo - Masculino (M)	avião	cidade	%	aldeia	%
forma(s) utilizada(s) c/ mais frequência	[avi'ɔ̃w]	4	66,7	3	42,8
outras formas	[wabuʂku'kwa]	1	16,65	-	-
	[wabuʂdaɾ'bi]	-	-	2	28,6
	[hemorõʂikam'rõ]	-	-	1	14,3
	[rɔakunəhɔrɔmɔ'ra]	1	16,65	-	-
	[twrawrahimõ'hə̃]	-	-	1	14,3
total		6	100	7	100

Tabela 4. Variação no espaço aldeia/cidade – faixa etária 2 – sexo Feminino (F) – "avião"

faixa etária - 2		nº de falantes			
sexo - Feminino (F)	avião	cidade	%	aldeia	%
forma(s) utilizada(s) c/ mais frequência	[avi'ə̃w]	5	83,3	4	50
outras formas	[hemõrɔmo'ɾa]	1	16,7	2	25
	[wdepi̱ẕa'rbi]	-	-	1	12,5
	[rɔmo'ɾa]	-	-	1	12,5
total		6	100	8	100

Tabela 5. Variação no espaço aldeia/cidade – faixa etária 2 – sexo F – "anzol"

faixa etária - 2		nº de falantes			
sexo - F	anzol	cidade	%	aldeia	%
forma(s) utilizada(s) c/ mais frequência	[ə̃'ẕɔ(w)]	5	83,3	-	-
	[aĩ'ẕɔ]	1	16,7	2	25
outras formas	[rɔm'kwa]	-	-	1	12,5
	[tekaẕapa'ẕɛ]	-	-	2	25
	[tbeẕapa'ẕɛ]	-	-	1	12,5
	[tpenmə̃'ẕɛ]	-	-	1	12,5
	[tpenõ'ẕɛ]	-	-	1	12,5

Tabela 6. Variação no espaço aldeia/cidade – faixa etária 3 – sexo M – "pá"

faixa etária - 3		nº de falantes			
sexo - M	pá	cidade	%	aldeia	%
forma(s) utilizada(s) c/ mais frequência	[rɔmẕapa'rẕɛ]	-	-	3	42,8
	['pa]	4	66,7	1	14,3

outras formas	[tkainmɜ̃rɜ̃ˈʐɛ]	-	-	2	28,6
	[tkaiʐapaˈrʐɛ]	2	33,3	-	-
	[ĩşapaˈʐɛ]	-	-	1	14,3
total		6	100	7	100

Tabela 7. Variação no espaço aldeia/cidade – faixa etária 2 – sexo F – "pá"

faixa etária - 2		nº de falantes			
sexo - F	pá	cidade	%	aldeia	%
forma(s) utilizada(s) c/ mais frequência	[tkaiʐapaˈrʐɛ]	1	16,7	5	62,5
	[ˈpa]	5	83,3	3	37,5
total		6	100	8	100

Tabela 8. Variação no espaço aldeia/cidade – faixa etária 3 – sexo M – "canivete"

faixa etária - 3		nº de falantes			
sexo - M	canivete	cidade	%	aldeia	%
forma(s) utilizada(s) c/ mais frequência	[kaniˈvɛt(ʃ)]	3	50	-	-
	[şimkɛmˈre]	2	33,3	4	57,1
outras formas	[rɔmnhɨˈrʐɛ]	-	-	1	14,3
	[tɨkmonihɨˈrʐɛ]	1	16,7	-	-
	[rɔmhiwaʐu)ˈʐɛ]	-	-	1	14,3
	[rɔmˈkwa]	-	-	1	14,3
total		6	100	7	100

Tabela 9. Variação no espaço aldeia/cidade – faixa etária 2 – sexo F – "canivete"

faixa etária - 2		nº de falantes			
sexo - F	canivete	cidade	%	aldeia	%
forma(s) utilizada(s) c/ mais frequência	[kani'vɛt(ʃ)]	5	83,3	3	37,5
outras formas	[şimkɛ'mɾe]	-	-	1	12,5
	[dahepakukɾi'ʐɛ]	-	-	1	12,5
	[ɾɔmhɨ'ʐɛ]	-	-	1	12,5
	[ɾɔmnşku'ʐa]	-	-	1	12,5
	[şimkɛ'ʐɛ]	-	-	1	12,5
não sabe		1	16,7		
total		6	100	8	100

Tabela 10. Variação no espaço aldeia/cidade – faixa etária 3 – sexo M – "chave de fenda"

faixa etária - 3		nº de falantes			
sexo - M	chave de fenda	cidade	%	aldeia	%
forma(s) utilizada(s) c/ mais frequência	['ʃav]-['şav]	2	33,3	-	-
	[parafuʐwairom'ʐɛ]	2	33,3	-	-
outras formas	[ktwɾakuşki'ʐɛ]	-	-	1	14,3
	['twɾa]	-	-	1	14,3
	[ɾomkɾepku'ʐɛ]	1	16,7	-	-
	[ʃavidʒi'fẽda]	1	16,7	-	-
	[ɾɔmwairom'ʐɛ]	-	-	1	14,3
	[şavdi'fen]	-	-	1	14,3
	[ɾɔmkuşki'ʐɛ]	-	-	1	14,3
	[ɾɔmʐanĩ'ʐɛ]	-	-	1	14,3
não sabe		-	-	1	14,3
total		6	100	7	100

Tabela 11. Variação no espaço aldeia/cidade – faixa etária 2 – sexo F – "sorvete"

faixa etária - 2		nº de falantes			
sexo - F	sorvete	cidade	%	aldeia	%
forma(s) utilizada(s) c/ mais frequência	[ʂo(r)'vet(ʃ)]	6	100	3	37,5
outras formas	[rɔmwa'hɨ]	-	-	2	25
	[rɔmwahɨkterenzõkta'bi]	-	-	1	12,5
	[rɔmwahɨ're]	-	-	1	12,5
não sabe		-	-	1	12,5
total		6	100	8	100

Como mostram os dados (destacados nas tabelas 3 a 11), as formas "aportuguesadas", ou seja, formas idênticas ao português ou com alguma adaptação, são a maioria no contexto da cidade: 66,7% nas tabelas 3 e 6; 83,3% nas tabelas 4, 7 e 9 e 100% nas tabelas 5 e 11. Nas tabelas 8 e 10 estas formas foram utilizadas por metade dos respondentes, ou seja, 50%.

Nas mesmas tabelas (3-11) conclui-se que na aldeia, pelo contrário, os empréstimos criados com elementos da língua xerente são maioria: 57,2% na tabela 3; 75% na tabela 5; 85,7% nas tabelas 6 e 10; 62,5% nas tabelas 7 e 9 e 100% na tabela 8. Nas tabelas 4 e 11 estes empréstimos correspondem a 50% das respostas.

As justificativas vêm dos próprios Xerente, quando reconhecem que "*o pessoal da cidade tá assim mais em contato com a linguagem do branco né...*" (Amzö Wẽ Xerente – diário de campo, em novembro de 2006). Amzö Wẽ justifica assim sua resposta para o mesmo nome descrito na tabela 11: "*sovete é assim novato né, a gente conheceu tem pouco tempo né...*".

Assim como o sorvete, que o homem xerente define como "novato", ou seja, novo, de conhecimento recente, são vários elementos, materiais e imateriais, que passam a fazer parte do cotidiano do povo indígena. O primeiro contato com esses elementos se dá justamente na cidade, berço do avanço da tecnologia e onde muitos deles, principalmente os mais jovens, são educados. Na cidade, onde a língua dominante é o português, a informação circula em velocidade muito superior em relação à aldeia e não há tempo para que os novos elementos que passam a ser conhecidos pelos Xerente passem pelo filtro da língua e dentro dela sejam nomeados.

A cidade, assim, se revela como um espaço de conflito diglóssico, onde a língua xerente fica reduzida ao espaço da casa, quando falam entre si. Mesmo ali, em suas residências, o português ocupa cada vez mais espaços e esferas discursivas, pois é raro uma casa onde não haja um rádio e uma televisão. Além disso, na cidade estão sujeitos às leis e costumes dos não índios e precisam usar o português nas diversas relações sociais, tais como fazer compras, vender o artesanato que produzem, ir ao médico, à escola, enfim, em qualquer tipo de contato com não índios. Neste espaço, os indígenas perdem o contato com a cosmovisão de seu povo, diretamente ligada ao ecossistema que rodeia as aldeias. Todo o sistema de organização social característico da cultura xerente é dissolvido na cidade: ali não há a orientação dos anciãos, caciques, pajés ou xamãs. As lideranças, mesmo indígenas, são outras: vereadores e presidentes de associações.

Neste contexto, há um consequente enfraquecimento da língua xerente, que, por um lado, adota cada vez mais empréstimos "aportuguesados" e, por outro, "esquece" nomes de elementos da língua indígena que deixam de ser referidos por não fazerem mais parte do novo modo de vida na cidade. Como o trânsito entre as aldeias e a cidade é grande, mesmo os Xerente que vivem nas aldeias acabam "levando" os empréstimos para aquele espaço.

Embora os empréstimos diretos e adaptados sejam predominantes entre os moradores de Tocantínia, enquanto os empréstimos criados sejam de uso mais abrangente entre os Xerente que vivem na aldeia, alguns empréstimos adaptados e diretos também são amplamente usados nas aldeias, como nas tabelas que seguem.

Tabela 12. Variação no espaço aldeia/cidade – faixa etária 2 – sexo F – "pneu"

faixa etária - 2		nº de falantes			
sexo - F	pneu	cidade	%	aldeia	%
forma(s) utilizada(s) c/ mais frequência	['pnew]	4	66,8	5	62,5
outras formas	[trawrapra'hɨ]	-	-	1	12,5
	[twra'kwa]	-	-	1	12,5
	[wderakwa'pra]	1	16,6	-	-
	[rɔmorapra'hɨ]	1	16,6	-	-
	[rɔmza'vda]	-	-	1	12,5
total		6	100	8	100

Tabela 13. Variação no espaço aldeia/cidade – faixa etária 2 – sexo F – "martelo"

faixa etária - 2		nº de falantes			
sexo - F	martelo	cidade	%	aldeia	%
forma(s) utilizada(s) c/ mais frequência	[mah'tɛl]	5	83,3	4	50
outras formas	[ma'het]	-	-	2	25
	[dekwapşi'ʑɛ]	-	-	1	12,5
	[ktewrakwapşi'ʑɛ]	1	16,7	1	12,5
total		6	100	8	100

Tabela 14. Variação no espaço aldeia/cidade – faixa etária 3 – sexo M – "cigarro"

faixa etária - 3		nº de falantes			
sexo - M	cigarro	cidade	%	aldeia	%
forma(s) utilizada(s) c/ mais frequência	[şika'rĩ]	6	100	6	85,7

outra forma	[ĩʂiʂdɛka'ɾe]	-	-	1	14,3
total		6	100	7	100

Tabela 15. Variação no espaço aldeia/cidade – faixa etária 3 – sexo M – "isqueiro"

faixa etária - 3		nº de falantes			
sexo - M	Isqueiro	cidade	%	aldeia	%
forma(s) utilizada(s) c/ mais frequência	[ku'zɨ]	3	50	1	14,3
	['ʂkeɾ]	3	50	3	42,8
outras formas	[kunmõnk 'zɛ]	-	-	1	14,3
	[rɔmzarõ'zɛ]	-	-	1	14,3
	['fɔʂk]	-	-	1	14,3
total		6	100	7	100

Tabela 16. Variação no espaço aldeia/cidade – faixa etária 2 – sexo F – "rádio"

faixa etária - 2		nº de falantes			
sexo - F	rádio	cidade	%	aldeia	%
forma(s) utilizada(s) c/ mais frequência	['had]	5	83,3	5	62,5
outras formas	[danmẽ'zɛ]	-	-	1	12,5
	[danĩpte'zɛ]	-	-	1	12,5
	[ktewra'mẽ]	-	-	1	12,5
	[rɔmwaʂku'zɛ]	1	17,7	-	-
total		6	100	8	100

Como se pode visualizar nas tabelas 12 a 16, os empréstimos diretos e adaptados, além de serem maioria entre os falantes da cidade, também, nestes casos, são as formas mais usadas entre os falantes que vivem na aldeia: 62,5% nas tabelas 12 e 16; 75% na tabela 13; 85,7% na tabela 14 e 57,1% na tabela 15.

Em alguns casos, percebi que o respondente prefere afirmar que não sabe nomear determinado conceito/objeto, a responder com uma forma idêntica ou próxima ao português, como nas tabelas 17 e 18. Na tabela 17, 50% dos Xerente que vivem na cidade afirmam que não sabem nomear o objeto "caixa/baú". Os outros 33,4% utilizaram empréstimos diretos ou adaptados ([ba'u] e [aɾ'maɾ]) para nomear o objeto e apenas 16,7% utilizaram um empréstimo criado dentro da própria língua ([rɔmnme'ʐɛ]). Na tabela 18 ocorre o mesmo com o conceito "gasolina" e, mesmo na aldeia, 37,5% das pessoas preferiram afirmar que não sabiam nomear o líquido combustível. Ao contrário do que se pode imaginar, a gasolina e outros combustíveis fazem parte do cotidiano Xerente, pois é com eles que alimentam os motores das bombas d'água, nas aldeias que não estão às margens de rios, como é o caso das aldeias Traíra e São José.

Tabela 17. Variação no espaço aldeia/cidade – faixa etária 2 – sexo F – "baú/caixa"

faixa etária - 2		nº de falantes			
sexo - F	baú/caixa de madeira	cidade	%	aldeia	%
forma(s) utilizada(s) c/ mais frequência	[rɔmnme'ʐɛ]	1	16,7	4	50
outras formas	[aɾ'maɾ]	1	16,7	-	-
	[heʂukanmẽ'ʐɛ]	-	-	1	12,5
	[heʂukagwahda'ʐɛ]	-	-	1	12,5
	[heʂukakbrõi'ʐɛ]	-	-	1	12,5
	['maɾa]	-	-	1	12,5
	[ba'u]	1	16,7	-	-
não sabe		3	50	-	-
total		6	100	8	100

Tabela 18. Variação no espaço aldeia/cidade – faixa etária 2 – sexo F – "gasolina"

faixa etária - 2		nº de falantes			
sexo - F	gasolina	cidade	%	aldeia	%
forma(s) utilizada(s) c/ mais frequência	[gaʐuˈlin]	1	16,7	2	25
outras formas	[kõbusˈtʃiv]	1	16,7	-	-
	[wderakwanoktaˈʐɛ]	-	-	2	25
	[trawranoˈkda]	-	-	1	12,5
	[ĩʂõˈkda]	1	16,7	-	-
não sabe		3	50	3	37,5
total		6	100	8	100

Os empréstimos do tipo *loanblends* também são comuns tanto na aldeia como na cidade, conforme demonstram as tabelas 19 a 24, em destaque.

Tabela 19. Variação no espaço aldeia/cidade – faixa etária 2 – sexo M – "garfo"

faixa etária - 2		nº de falantes			
sexo - M	garfo	cidade	%	aldeia	%
forma(s) utilizada(s) c/ mais frequência	[kuɛnipkɾaˈi]	3	60	1	20
outras formas	[danipkɾaˈi]	-	-	2	40
	[daʂaĩʐaparˈʐɛ]	1	20	1	20
	[kuɛnipkɾaiˈre]	1	20	-	-
	[daʂaimtkuˈʐɛ]	-	-	1	20
total		5	100	5	100

Tabela 20. Variação no espaço aldeia/cidade – faixa etária 2 – sexo F – "garfo"

faixa etária - 2		nº de falantes			
sexo - F	garfo	cidade	%	aldeia	%
forma(s) utilizada(s) c/ mais frequência	[kuɛnipkra'i]	2	33,3	5	62,5
outras formas	['ga(h)f] ~ ['gawf]	3	50	-	-
	[daṣaa'ʐɛ]~ [daṣõĩ'ʐɛ]	1	16,7	1	12,5
	[danipkra'i]	-	-	1	12,5
	[ĩʐapa'ʐɛ]	-	-	1	12,5
total		6	100	8	100

Tabela 21. Variação no espaço aldeia/cidade – faixa etária 3 – sexo M – "garrafa de café"

faixa etária - 3		nº de falantes			
sexo - M	garrafa de café	cidade	%	aldeia	%
forma(s) utiliz.(s) c/ mais frequência	[ga'haf(a)]	2	33,3	1	14,3
outras formas	[wdeprɔinõkuʐapar'ʐɛ]	-	-	1	14,3
	[kafɛnmẽ'ʐɛ]~ [kafɛnrẽ'ʐɛ]	2	33,3	-	-
	[kafɛdamkwakrɔwakrɔ'ʐɛ]	1	16,7	-	-
	[wdeprɔwakrɔnmɛ'ʐɛ]	-	-	1	14,3
	[wdeprɔʐapar'ʐɛ]	-	-	2	28,5
	[kafɛʐapar'ʐɛ]	1	16,7	1	14,3
não sabe		-	-	1	14,3
total		6	100	7	100

Tabela 22. Variação no espaço aldeia/cidade – faixa etária 2 – sexo F – "garrafa de café"

faixa etária - 2		nº de falantes			
sexo - F	garrafa de café	cidade	%	aldeia	%
forma(s) utilizada(s) c/ mais frequência	[ga'haf(a)]	5	83,3	3	37,5
outras formas	[kafɛ'ʐɛ]	-	-	1	12,5
	[kafɛʐapar'ʐɛ]	-	-	2	25
	[wdepɾ ʐapar'ʐɛ]	-	-	2	25
	[kafɛkarĩne'ʐɛ]	1	16,7	-	-
total		6	100	8	100

Tabela 23. Variação no espaço aldeia/cidade – faixa etária 2 – sexo M – "bar"

faixa etária - 2		nº de falantes			
sexo - M	bar	cidade	%	aldeia	%
formas diversas	[kɨikuʐɛvẽde'ʐɛ]	1	20	1	20
	[kɨwapuʐakra'ʐɛ]	-	-	1	20
	[ɾɔmwahɨvẽde'ʐɛ]	-	-	1	20
	[kɨikuʐɛnɔrɛ'ʐɛ]	1	20	-	-
	[kɨzaikno'ʐɛ]	1	20	-	-
	['ba]	2	40	-	-
	[ɾɔmwahɨʐakra'ʐɛ]	-	-	1	20
	[ɾɔvẽde'ʐɛ]	-	-	1	20
total		5	100	5	100

Tabela 24. Variação no espaço aldeia/cidade – faixa etária 3 – sexo M – "mercado"

faixa etária - 3		nº de falantes			
sexo - M	mercado	cidade	%	aldeia	%
forma(s) utilizada(s) c/ mais frequência	[ʂupɛmɛ(h)'kad]	2	33,3	2	28,55
outras formas	[daʂainoɾo'wa]	-	-	1	14,3
	[ɾɔmkumekõpɾa'ʐɛ]	-	-	1	14,3
	[ɾɔmkõpɾa'ʐɛ]	2	33,3	-	-
	[mɛh'kad]	1	16,7	-	-
	[ɾɔmvẽde'ʐɛ]	1	16,7	2	28,55
	[ɾɔmniʐakɾa'ʐɛ]	-	-	1	14,3
total		6	100	7	100

A grande divergência das respostas dadas (ver tabelas 5, 10, 17, 21 e 24, entre outras) confirma a hipótese de Braggio (2008), de que os empréstimos não estão passando mais pelo uso coletivo. A dispersão arreal dentro da reserva e para fora dela, assim como o afastamento sociocultural e ideológico entre as gerações, parecem ser os principais motivos para que isso ocorra. Neste sentido há, para a mesma palavra, formas que são mais usadas na aldeia (como as formas criadas com palavras da própria língua) e outras que são mais usuais na cidade (como as formas adaptadas e idênticas ao português), assim como formas usadas com maior frequência pelos +jovens, enquanto outras são de uso predominante dos +velhos, etc, como segue.

2. Idade e Sexo

Neste item são analisadas as variáveis sexo e idade simultaneamente, sem prejuízo para a integridade das análises de cada variável em particular. Pelo contrário, foi possível analisar as particularidades de cada variável e ainda realizar o cruzamento dos dados entre elas.

As tabelas, para análise das variáveis propostas neste item, estão assim organizadas: na coluna mais à esquerda estão os itens lexicais citados pelos falantes em geral; nas colunas centrais estão divididos os falantes quanto ao sexo e nas colunas mais à direita, pode-se observar o total de falantes da determinada faixa etária (daqui em diante, FE), incluindo ambos os sexos. Para melhor entendimento das análises, nomeamos cada tabela com quatro subdivisões. A tabela 25, por exemplo, está dividida em 25a, 25b, 25c e 25d, sendo cada uma delas para a FE analisada.

A divisão das células sociolinguísticas utilizadas para a análise dos dados neste item está exposta na tabela 1, no início deste capítulo.

Como comprovam os dados nas tabelas abaixo, a FE 4 é que faz maior uso das formas criadas dentro da própria língua, seguida pelas gerações seguintes: FE 3, FE 2 e FE 1, nesta ordem. Assim sendo, os empréstimos diretos e adaptados, são mais frequentes nas FE's 1 e 2.

Quanto ao sexo, numa perspectiva geral, os homens e mulheres Xerente utilizam os empréstimos aportuguesados com uma frequência similar. Há exemplos em que estes empréstimos são mais utilizados pelos homens e outros nos quais são mais utilizados pelas mulheres. Porém, esta diferença é pequena em ambas as situações, como nas tabelas seguintes.

Tabela 25a. Variação conforme idade e sexo – faixa etária 4 – ambos os sexos – "pilha"

faixa etária - 4		nº de falantes				total - FE 4	
	pilha	Masc	%	Fem	%	nº	%
FUCMF[1]	[daşikuiwẽẓɛnɔˈkda]	3	75	1	33,33	4	57,1
outras formas	[twɾamẽnoˈkda]			1	33,33	1	14,3
	[hadnoˈkda]			1	33,33	1	14,3
	[daşkuiwẽẓɛnipteˈẓɛ]	1	25			1	14,3
total		4	100	3	100	7	100

Tabela 25b. Variação conforme idade e sexo – faixa etária 3 – ambos os sexos – "pilha"

faixa etária - 3		nº de falantes				total – FE 3	
	pilha	Masc	%	Fem	%	nº	%
FUCMF	[ˈpil(a)]	5	38,4	1	14,3	6	30
outras formas	[daşikuiwẽẓɛnoˈkda]	1	7,7	3	42,8	4	20
	[rɔmnmẽˈẓɛ]	1	7,7			1	5
	[hadnɔˈkda]	2	15,4			2	10
	[twɾahɾunɔˈkda]	1	7,7			1	5
	[rɔmkuiwẽˈẓɛ]	1	7,7			1	5
	[twɾamẽnɔˈkda]	1	7,7	1	14,3	2	10
	[ĩşõˈkda]	1	7,7			1	5
	[twɾanmɛˈẓɛ]			1	14,3	1	5
	[rɔmnĩpteˈẓɛ]			1	14,3	1	5
total		13	100	7	100	20	100

Tabela 25c. Variação conforme idade e sexo – faixa etária 2 – ambos os sexos – "pilha"

faixa etária - 2		nº de falantes				total – FE 2	
	pilha	Masc	%	Fem	%	nº	%
FUCMF	[ˈpil(a)] - [ˈpiɾ(a)]	5	50	7	50	12	50
outras formas	[daʂiaˈpkʐɛ]	1	10	1	7,15	2	8,33
	[daʂkuiwẽʐɛnoˈkda]	2	20			2	8,33
	[twɾapɔɾenɔˈkta]	1	10			1	4,16
	[daʂkuiwẽʐɛwaˈmɔ̃]	1	10			1	4,16
	[ktwɾanoˈkta]			1	7,15	1	4,16
	[ĩʂipteˈʐɛ]			1	7,15	1	4,16
	[hadnokuˈda]			1	7,15	1	4,16
	[batɛˈɾi]			1	7,15	1	4,16
não sabe				2	14,25	2	8,33
total		10	100	14	100	24	100

Tabela 25d. Variação conforme idade e sexo – faixa etária 1 – ambos os sexos – "pilha"

faixa etária - 1		nº de falantes				total – FE 1	
	pilha	Masc	%	Fem	%	nº	%
FUCMF	[ˈpiɾ(a)]	4	100	3	75	7	87,5
outras formas	[twɾanĩpkuˈʐɛ]			1	25	1	12,5
total		4	100	4	100	8	100

**Tabela 26a. Variação conforme idade e sexo – faixa etária 4 –
ambos os sexos – "zíper"**

faixa etária - 4		nº de falantes				total – FE 4	
	zíper	Masc	%	Fem	%	nº	%
FUCMF	[ĩkmõktɛˈʐɛ]	2	50	1	33,33	3	42,8
outras formas	[ĩktɛˈʐɛ]			1	33,33	1	14,3
	[ʂikuʐakmõktɛˈʐɛ]			1	33,33	1	14,3
	[ˈʐip]	1	25			1	14,3
	[waʐaʂtomkaˈnẽ]	1	25			1	14,3
total		4	100	3	100	7	100

**Tabela 26b. Variação conforme idade e sexo – faixa etária 3 –
ambos os sexos – "zíper"**

faixa etária - 3		nº de falantes				total – FE 3	
	zíper	Masc	%	Fem	%	nº	%
FUCMF	[ˈʐip]	5	38,4	1	14,3	6	30
outras formas	[ĩkuʂkiˈʐɛ]	1	7,7			1	5
	[ĩʂidɨˈʐɛ]	2	15,4	3	42,85	5	25
	[ĩkmõptɛˈʐɛ]	1	7,7			1	5
	[daʂikmõktɛˈʐɛ]	1	7,7			1	5
	[daʂikuʂubiˈʐɛ]	1	7,7			1	5
	[ʂkuʐakmõktɛˈʐɛ]	1	7,7	1	14,3	2	10
	[ʂkuʐaiʂdɨwiˈʐɛ]			2	28,55	2	10
não sabe		1	7,7			1	5
total		13	100	7	100	20	100

Tabela 26c. Variação conforme idade e sexo – faixa etária 2 – ambos os sexos – "zíper"

faixa etária - 2		nº de falantes				total – FE 2	
	zíper	Masc	%	Fem	%	nº	%
FUCMF	['ʑip]	2	20	3	21,4	5	20,83
	['hɛk]²	2	20	4	28,7	6	25
outras formas	['feʃ]	1	10			1	4,16
	[ʂkuʐaʂdɨi'ʑɛ]	1	10			1	4,16
	[dapə̃'ʑɛ]	1	10			1	4,16
	[ĩkmə̃ktɛ'ʑɛ]	2	20	2	14,3	4	16,66
	[ʂkuʐakmə̃ktɛ'ʑɛ]	1	10	1	7,1	2	8,33
	[ĩptɛ'ʑɛ]			1	7,1	1	4,16
	[iʂdɨi'ʑɛ]			1	7,1	1	4,16
não sabe				2	14,3	2	8,33
total		10	100	14	100	24	100

Tabela 26d. Variação conforme idade e sexo – faixa etária 1 – ambos os sexos – "zíper"

faixa etária - 1		nº de falantes				total – FE 1	
	zíper	Masc	%	Fem	%	nº	%
FUCMF	['hɛk]	3	75	3	75	6	75
outras formas	['ʑip]	1	25			1	12,5
	[rɔmwaktɛ'ʑɛ]			1	25	1	12,5
total		4	100	4	100	8	100

Tabela 27a. Variação conforme idade e sexo – faixa etária 4 – ambos os sexos – "aluno"

faixa etária - 4		nº de falantes				total – FE 4	
	aluno	Masc	%	Fem	%	nº	%
FUCMF	[heʃukaʒanə̃m'kwa]	3	75	2	66,66	5	71,4
outras formas	[aiʂə̃mrə̃kakuĩgɾɛ'da]			1	33,33	1	14,3
	[tɛtoaduwa'huk]	1	25			1	14,3
total		4	100	3	100	7	100

Tabela 27b. Variação conforme idade e sexo – faixa etária 3 – ambos os sexos – "aluno"

faixa etária - 3		nº de falantes				total – FE 3	
	aluno	Masc	%	Fem	%	nº	%
FUCMF	[a'lun]	4	30,7	2	28,55	6	30
	[heʃukaʒanə̃m'kwa]	3	23,1	3	42,85	6	30
outras formas	[tɛtʂtu'da]	1	7,7			1	5
	[ai'ktɛ]			1	14,3	1	5
	[aiktɛnõ'rĩ]	1	7,7			1	5
	[ĩʂanə̃mkwaino'rĩ]	1	7,7			1	5
	[ʂanə̃m'kwa]	1	7,7			1	5
	[watʂtu'da]	1	7,7			1	5
	[ɾoahtunɔɾẽmẽ'ʂi]			1	14,3	1	5
não sabe		1	7,7			1	5
total		13	100	7	100	20	100

Tabela 27c. Variação conforme idade e sexo – faixa etária 2 – ambos os sexos – "aluno"

faixa etária - 2		nº de falantes				total – FE 2	
	aluno	Masc	%	Fem	%	nº	%
FUCMF	[aˈlun] ~[aˈrun]	5	50	4	28,6	9	37,5
outras formas	[heʂukaʐanɔ̃mˈkwa]	2	20	3	21,4	5	20,83
	[teraikuˈda]	1	10			1	4,16
	[norekuˈkwa]	1	10			1	4,16
	[tetʂtuˈda]	1	10			1	4,16
	[dakrɔ̃waikuˈʐɛ]			1	7,2	1	4,16
	[aiˈkdɛ]			3	21,4	3	12,5
não sabe				3	21,4	3	12,5
total		10	100	14	100	24	100

Tabela 27d. Variação conforme idade e sexo – faixa etária 1 – ambos os sexos – "aluno"

faixa etária - 1		nº de falantes				total – FE 1	
	aluno	Masc	%	Fem	%	nº	%
FUCMF	[aˈlun] ~ [aˈrun]	3	75	1	25	4	50
outras formas	[tepaʂaˈda]	1	25			1	12,5
	[teʂtuˈda]			1	25	1	12,5
	[aiˈkdɛ]			1	25	1	12,5
	[tɛtʂaˈnɔ̃]			1	25	1	12,5
total		4	100	4	100	8	100

Tabela 28a. Variação conforme idade e sexo – faixa etária 4 – ambos os sexos – "lápis"

faixa etária - 4		nº de falantes				total – FE4	
	lápis	Masc	%	Fem	%	nº	%
FUCMF	[ĩkuigrɛ'ʑɛ]			3	100	3	42,85
	[heʂukakuĩgrɛ'ʑɛ]	3	75			3	42,85
outra forma	[tekmɔ̃waikupibu'mɔ̃]	1	25			1	14,3
total		4	100	3	100	7	100

Tabela 28b. Variação conforme idade e sexo – faixa etária 3 – ambos os sexos – "lápis"

faixa etária - 3		nº de falantes				total – FE 3	
	lápis	Masc	%	Fem	%	nº	%
FUCMF	[ĩkuĩgrɛ'ʑɛ]	6	46,2	4	57,15	10	50
outras formas	[heʂukakuĩgrɛ'ʑɛ]	3	23,1	3	42,85	6	30
	['lapis]	2	15,3			2	10
	[ĩhɛspõde'ʑɛ]	1	7,7			1	5
	[danmikuĩgrɛ'ʑɛ]	1	7,7			1	5
total		13	100	7	100	20	100

Tabela 29c. Variação conforme idade e sexo – faixa etária 2 – ambos os sexos – "lápis"

faixa etária - 2		nº de falantes				Total – FE 2	
	lápis	Masc	%	Fem	%	nº	%
FUCMF	['lapʂ]	3	30	6	42,8	9	37,5
	[ĩkuĩgrɛ'ʑɛ]	2	20	3	21,4	5	20,83

				2	14,3	2	8,33
outras formas	['rap]						
	[heʂukakuĩgrɛ'ʐɛ]	2	20	2	14,3	4	16,66
	[rɔmwawi'ʐɛ]	1	20			1	4,16
	[kakuĩgrɛ'ʐɛ]	1	20	1	7,2	2	8,33
	[tanõwaᶎakuĩ'grɛ]	1	20			1	4,16
total			10	130	14	100	24	100

Tabela 28d. Variação conforme idade e sexo – faixa etária 1 – ambos os sexos – "lápis"

faixa etária - 1		nº de falantes				total – FE 1	
	lápis	Masc	%	Fem	%	nº	%
FUCMF	['lapʂ]	1	25	2	50	3	37,5
outras formas	[ka'net]	2	50			2	25
	[rɔmwawi'ʐɛ]	1	25			1	12,5
	[ĩwawi'ʐɛ]			1	25	1	12,5
	[rɔmkuĩgrɛ'ʐɛ]			1	25	1	12,5
total		4	100	4	100	8	100

Nestas tabelas (25 a 28), pode-se observar como os empréstimos diretos e adaptados são usados com maior frequência pelas crianças e pelos +jovens, enquanto que os mais velhos e os +-jovens fazem maior uso das formas criadas dentro da língua xerente.

De acordo com as tabelas, a FE 4 utilizou, em sua grande maioria, empréstimos criados dentro da própria língua: 100% nas tabelas 25a, 27a e 28a e 85,7% na tabela 26a.

Na FE 3, a utilização de empréstimos aportuguesados é um pouco menor que nas faixas etárias seguintes, no entanto já é significativa: 30% nas tabelas 25b, 26b e 27b e 10% na tabela 28b.

Na FE 2, os empréstimos diretos e adaptados do português são ainda mais frequentes: 54,16% na tabela 25c; 50% na tabela 26c, 37,5% na tabela 27c e 45,83% na tabela 28c.

Quanto à FE 1, ou seja, as crianças xerente, trata-se da situação mais alarmante: 87,5% nas tabelas 25d e 26d; 50% na tabela 27d e 62,5% na tabela 28d utilizam as formas próximas ou idênticas ao português para expressarem os objetos/conceitos que visualizaram durante a coleta dos dados.

Estes dados confirmam um distanciamento entre as gerações que Mesquita (2006) já havia constatado anteriormente no espaço da cidade, onde grande parte dos mais jovens afirmava que não entendia o que os mais velhos diziam. Braggio (2008, p. 14), que já havia atentado para o assunto em estudos anteriores (Braggio, 2005a e 2005b), afirma que

> há muitos itens lexicais que os mais velhos desconhecem, o que é verdadeiro também para os mais jovens com relação àqueles, o que, do meu ponto de vista, é uma das causas do "não entendimento" entre eles. Em uma comunidade pequena como a Xerente este fato causa desconforto para aqueles procuram sinais de vitalização ou desvitalização da língua [...].

Ainda nas tabelas 25 a 27 é possível observar uma pequena diferença entre a quantidade total de homens (que, como já dito, é de 31 pessoas) que usam os empréstimos aportuguesados em relação à quantidade total das mulheres (28 pessoas): na tabela 25[23] são 45,2% dos homens contra 42,9% das mulheres; na tabela 26 são 48,4% dos homens contra 39,3% das mulheres; e na tabela 27 são 38,7% dos homens, enquanto que as mulheres somam 25%.

Já na tabela 28, assim como nas tabelas 30 e 31, a seguir, ocorre o inverso. Nestes exemplos, as mulheres fazem mais uso, mesmo que por pequenas diferenças, das formas mais próximas ou idênticas ao português: na tabela 28, são 35,7% das mulheres contra 25,8% dos homens; na tabela 30, são 27,6% contra 9,7%; e 67,8% de mulheres contra 58,1% dos homens na tabela 31.

---

23. Neste item, quando for citado apenas o número da tabela, entenda-se o conjunto de todas as subtabelas. Por exemplo, quando citada a tabela 25, entenda-se 25a, 25b, 25c e 25d.

As tabelas abaixo (29-31), assim como as anteriores (25-28), também demonstram que são os Xerente mais velhos os responsáveis pela maior conservação da língua, enquanto os mais jovens têm um papel oposto. Na tabela 31a, 57,1% dos anciãos xerente preferem dizer que não sabem que nome se dá ao numeral "5" ao usar a forma idêntica ao português. Os outros 42,9% usaram formas variadas, dentro da língua xerente, na tentativa de representar verbalmente o numeral. Vale lembrar que, tradicionalmente, somente os numerais de 1 a 4 possuem nomes em Xerente Akwẽ).

Tabela 29a. Variação conforme idade e sexo – faixa etária 4 – ambos os sexos – "botão"

faixa etária - 4		nº de falantes				total - FE 4	
	botão	Masc	%	Fem	%	nº	%
FUCMF	[ʂikuʐakmə̃ktɛˈʐɛ]	2	50	1	33,33	3	42
outras formas	[buˈtõ]	1	25	1	33,33	2	28
	[ʂikuʐawamhɨkɾeʂiwtə̃ˈmə̃]			1	33,33	1	14
não sabe		1	25			1	14
total		4	100	3	100	7	10

Tabela 29b. Variação conforme idade e sexo – faixa etária 3 – ambos os sexos – "botão"

faixa etária - 3		nº de falantes				total – FE 3	
	botão	Masc	%	Fem	%	nº	%
FUCMF	[buˈtõ]	5	38,4	1	14,3	6	30
	[buˈtə̃w]	3	23,1			3	15
	[ʂkuʐaptɛˈʐɛ]			4*	57,1	4	20

outras formas	[ʂikuʐakmə̃ktɛˈʐɛ]	3	23,1			3	15
	[ĩkmə̃ktɛˈʐɛ]	1	7,7			1	5
	[danimʂkuʐaktɛˈʐɛ]			1	14,3	1	5
	[kritɔireiʐapt ˈre]			1	14,3	1	5
não sabe		1	7,7			1	5
total		13	100	7**	100	20	100

Tabela 29c. Variação conforme idade e sexo – faixa etária 2 – ambos os sexos – "botão"

faixa etária - 2		nº de falantes				total – FE 2	
	botão	Masc	%	Fem	%	nº	%
FUCMF	[buˈtõ]	4	40	4	28,6	8	33,33
	[buˈtə̃w]	1	10	4	28,6	5	20,83
	[ʂkuʐaptɛˈʐɛ]	3	30	6	42,8	9	37,5
outras formas	[rompteˈʐɛ]	2	20			2	8,33
total		10	100	14	100	24	100

Tabela 29d. Variação conforme idade e sexo – faixa etária 1 – ambos os sexos – "botão"

faixa etária - 1		nº de falantes				total – FE 1	
	botão	Masc	%	Fem	%	nº	%
FUCMF	[buˈto)]	3	75	2	50	5	62,5
outras formas	[kamiʐtekmə̃kteˈda]	1	25			1	12,5
	[ʂkuʐakmə̃ktɛˈʐɛ]			1	25	1	12,5
	[ʂkuʐaptɛˈʐɛ]			1	25	1	12,5
total		4	100	4	100	8	100

Tabela 30a. Variação conforme idade e sexo – faixa etária 4 – ambos os sexos – "apontador"

faixa etária - 4		nº de falantes				total – FE 4	
	apontador	Masc	%	Fem	%	nº	%
FUCMF	[ĩkrẽkwaˈʐɛ]	1	25	2	66,7	3	42,
outras formas	[tekmɔ̃kɨnẽkwadakɨˈnẽ]	1	25			1	14,
	[heʂukakuĩgɾɛʐɛkrẽkwaˈʐɛ]	1	25			1	14,
	[ɾapiʂkrẽkwaˈʐɛ]	1	25			1	14,
	[põtaˈdo]			1	33,3	1	14,
total		4	100	3	100	7	10

Tabela 30b. Variação conforme idade e sexo – faixa etária 3 – ambos os sexos – "apontador"

faixa etária - 3		nº de falantes				total – FE 3	
	apontador	Masc	%	Fem	%	nº	%
FUCMF	[ĩkrẽkwaˈʐɛ]	5	38,45	5*	71,4	10	50
	[lapiʂkrẽkwaˈʐɛ]	5	38,45			5	25
outras formas	[põtaˈdo]	2	15,4			2	10
	[heʂukaku)ĩgɾɛkrẽkwaˈʐɛ]	1	7,7			1	5
	[ĩkuĩgɾɛʐɛkrẽkwaˈʐɛ]			1	14,3	1	5
	[rõmkrẽkwaˈʐɛ]			1	14,3	1	5
total		13	100	7**	100	20	10

Tabela 30c. Variação conforme idade e sexo – faixa etária 2 – ambos os sexos – "apontador"

faixa etária - 2		nº de falantes				total – FE 2	
	apontador	Masc	%	Fem	%	nº	%
FUCMF	[ĩkrẽkwa'ẓɛ]	4	40	3	21,45	7	29,16
	[lapiṣkrẽkwa'ẓɛ] - [rapiṣkrẽkwa'ẓɛ]	1	10	6	42,85	7	29,16
	[põta'do]			5	35,7	5	20,83
outras formas	[rɔmkrẽkwa'ẓɛ]	3	30			3	12,5
	[heṣukakuĩgrɛẓɛkrẽkwa'ẓɛ]	1	10			1	4,16
	[tekanrẽ'ẓɛ]	1	10			1	4,16
total		10	100	14	100	24	100

Tabela 30d. Variação conforme idade e sexo – faixa etária 1 – ambos os sexos – "apontador"

faixa etária - 1		nº de falantes				total – FE 1	
	apontador	Masc	%	Fem	%	nº	%
formas utilizadas	[rɔmkrẽkwa'ẓɛ]	3	75			3	37,5
	[põta'do]	1	25	2	50	3	37,5
	[lapiṣkrẽkwa'ẓɛ]			2	50	2	25
total		4	100	4	100	8	100

Tabela 31a. Variação conforme idade e sexo – faixa etária 4 – ambos os sexos – "cinco"

faixa etária - 4		nº de falantes				total – FE 4	
	cinco (NUM)	Masc	%	Fem	%	nº	%
formas utilizadas	[ʂikõipʂeʂimˈʂi]	1	25			1	14,3
	[ʂimʂidaniˈpkɾa]	1	25			1	14,3
	[ʂĩˈptõ]	1	25			1	14,3
não sabe		1	25	3	100	4	57,1
total		4	100	3	100	7	100

Tabela 31b. Variação conforme idade e sexo – faixa etária 3 – ambos os sexos – "cinco"

faixa etária - 3		nº de falantes				total – FE 3	
	cinco	Masc	%	Fem	%	nº	%
FUCMF	[ˈʂĩk(u)]	8	61,5	5*	71,4	13	65
outras formas	[ʂiptaˈtõ]	1	7,7			1	5
	[morõˈktõ]	1	7,7			1	5
	[ʂiˈptõ]	2	15,4			2	10
	[ʂundaˈtã]	1	7,7			1	5
	[ʂĩkuˈnã]			1	14,3	1	5
	[hemõĩˈ'''kɾã]			1	14,3	1	5
total		13	100	7**	100	20	100

Tabela 31c. Variação conforme idade e sexo – faixa etária 2 – ambos os sexos – "cinco"

faixa etária - 2		cinco	nº de falantes				total – FE 2	
			Masc	%	Fem	%	nº	%
FUCMF		['sĩk(u)]	6	60	10	71,4	16	66,7
outras formas		[hipta'tõ]	1	10			1	4,16
		[si'ptõ]	2	20	2	14,3	4	16,66
		[sĩkmə̃danĩ'pkra]			1	7,15	1	4,16
		[sipra'nẽ]			1	7,15	1	4,16
não sabe			1	10			1	4,16
total			10	100	14	100	24	100

Tabela 31d. Variação conforme idade e sexo – faixa etária 1 – ambos os sexos – "cinco"

faixa etária - 1	cinco	nº de falantes				total – FE 1	
		Masc	%	Fem	%	nº	%
FUCMF	['sĩk(u)]	4	100	4	100	8	100
total		4	100	4	100	8	100

Apesar dos homens e mulheres xerente, na contagem geral, apresentarem uma frequência muito próxima quanto ao uso de empréstimos aportuguesados, ou seja, bem próximos ou iguais às formas do português, ao fazer um cruzamento dos dados entre as duas variáveis aqui analisadas, percebe-se que, em determinadas faixas etárias, as mulheres parecem ser mais resistentes à entrada dos empréstimos aportuguesados do que os homens.

Nas FE's 1 e 3, os homens usam mais os empréstimos diretos e adaptados do que as mulheres. Na FE 1, esta diferença pode ser observada nas tabelas 25d (100% dos homens, enquanto 75% das mulheres), 26d (100% VS 75%), 27d (75% VS 50%), 28d

(75% VS 50%) e 29d (75% VS 50%). Na FE 3, este fato pode ser comprovado nas tabelas 25b (38,4% VS 14,3%), 26b (38,4% VS 14,3%), 27b (30,7% VS 28,5%), 28b (15,3% VS 0%), 29b (61,5% VS 14,3%) e 30b (15,4% VS 0%).

No entanto, na FE 2 as mulheres usam os empréstimos aportuguesados com maior frequência que os homens, se não a mesma, como nas tabelas 25c (57,2% das mulheres, enquanto 50% dos homens), 26c (50,1% VS 50%), 28c (57,1% VS 30%), 29c (57,2% VS 50%), 30c (35,7% VS 0%) e 31c (71,4% VS 60%).

Ao considerar que os empréstimos aportuguesados são amplamente utilizados na FE 1 e praticamente nulos na FE 4, por ambos os sexos, e então voltar os olhares para o cruzamento dos dados nas outras duas FE's (2 e 3), pode-se afirmar que, num momento anterior, as mulheres desempenharam um papel de maior conservação da língua xerente, ou seja, ofereciam mais resistência à entrada de empréstimos do português e que, nas gerações mais jovens, isso já não mais acontece.

Quanto às variáveis analisadas neste item, ainda vale observar a utilização dos *loanblends* tanto pelos homens quanto pelas mulheres e em todas as faixas etárias.

A seguir, observamos a entrada de empréstimos do português na língua xerente sob a perspectiva da variável escolaridade.

3. Escolaridade

Neste item são considerados, para efeito de análise, quatro níveis de escolaridade:

Nível 0: não frequentou a escola;
Nível 1: ensino fundamental incompleto ou em curso;
Nível 2: ensino fundamental completo e ensino médio em curso ou incompleto;
Nível 3: ensino médio completo.

A tabela abaixo (tabela 32) mostra a disposição das células sociolinguísticas que foram consideradas para a análise da variável escolaridade, de acordo com o nível escolar dos falantes xerente e considerando ainda a divisão de todas as outras variáveis analisadas, dentro de cada célula. A tabela deve ser lida da seguinte forma: os Xerente de escolaridade nível 3 somam um total de 4 falantes na amostra, dos quais os 4 são do sexo masculino, 4 pertencem à faixa etária (FE) 3, sendo que 1 vive na aldeia e 3 vivem na cidade. Da mesma forma podem ser lidas as células seguintes, ou seja, os níveis 2, 1 e 0.

Tabela 32. Xerente conforme escolaridade, sexo, idade e espaço

escolaridade	total	sexo	nº	faixa etária	nº	espaço	nº
				(4)	0		
		m	4	(3)	4	aldeia	1
nível 3	4	f	0	(2)	0	cidade	3
Obs.: 6,8% do total de 59				(1)	0		
Totais			4		4		4
escolaridade	total	sexo	nº	faixa etária	nº	espaço	nº
				(4)	0		
		m	7	(3)	3	aldeia	2
nível 2	8	f	1	(2)	5	cidade	6
13,6%				(1)	0		
Totais			8		8		8
escolaridade	total	sexo	nº	faixa etária	nº	espaço	nº
				(4)	3		
		m	19	(3)	11	aldeia	32
nível 1	41	f	22	(2)	19	cidade	9

escolaridade	total	sexo	nº	faixa etária	nº	espaço	nº
69,5%				(1)	8		
Totais			41		41		41
escolaridade	total	sexo	nº	faixa etária	nº	espaço	nº
				(4)	4		
		m	0	(3)	2	aldeia	5
nível 0	6	f	6	(2)	0	cidade	1
10,1%				(1)	0		
Totais			6		6		6
Total Geral	59 (100%)		59		59		59

Como exposto na tabela acima, a célula com maior número de falantes é a que compreende o nível de escolaridade (daqui em diante, NE) 1, com 41 falantes, seguido pelo NE 2, NE 0 e NE 1, com 8, 6 e 4 falantes, respectivamente. Assim, a própria amostra traduz a realidade xerente, no que se refere à questão da escolaridade, ou seja, se somados os NE's 0 e 1, são 79,6% (47 de um total de 59) dos falantes com ensino fundamental incompleto, dos quais 10,1% sequer frequentaram a escola. Dos 20,4% restantes (NEs 2 e 3) que possuem ensino fundamental completo, somente 6,8% possuem ensino médio completo. Destes últimos, apenas um Xerente está cursando o ensino superior, na Universidade Federal do Tocantins.

A partir da tabela, pode-se ainda fazer outras observações:

1) Dentre os Xerente de NE 3, 100% são homens e pertencem à FE 3;

2) 75% dos falantes de NE 3 vivem na cidade, enquanto que 25% vivem na aldeia;

3) Dentre os falantes de NE 2, 87,5% são homens, contra 12,5% de mulheres;

4) Dentre os falantes de NE 2, 62,5% pertencem à FE 2, enquanto que 37,5% pertencem à FE 3;

5) 75% dos falantes de NE 2 vivem na cidade, enquanto que 25% vivem na aldeia;

6) Dentre os falantes de NE 1, 53,7% são mulheres, contra 46,3% de homens;

7) Quanto aos falantes de NE 1, a divisão conforme a faixa etária está assim distribuída: 46,3% pertencem à FE 2; 26,9% pertencem à FE 3; 19,5% pertencem à FE 1 e 7,3% pertencem à FE 4;

8) Mesmo somando apenas 19,5% do total de falantes de NE 1, os Xerente de FE 1 estão em 100% dentro deste nível, uma vez que somam apenas 8 falantes;

9) 78% dos falantes de NE 1 vivem na aldeia, enquanto que 22% vivem na cidade;

10) 100% dos Xerente de NE 0 são do sexo feminino;

11) Dentre os falantes de NE 0, 66,7% pertencem à FE 4, enquanto que 33,3% pertencem à FE 3;

12) 83,3% dos falantes de NE 0 vivem na aldeia, enquanto que 16,7% vivem na cidade.

A partir do cruzamento destes dados, pode-se chegar a algumas asserções, em relação à escolarização xerente. Por um lado, os mais escolarizados (NE's 3 e 2) são os Xerente do sexo masculino, que pertencem às faixas etárias 3 e 2 e que vivem na cidade, ou seja, são homens, jovens e +-jovens, que foram para Tocantínia e lá vivem, a fim de dar continuidade aos seus estudos e/ou trabalhar.

Por outro lado, os Xerente menos escolarizados (NE's 0 e 1) são os de sexo feminino, que pertencem às faixas etárias 4 e 1 e que vivem na aldeia, ou seja, são em sua maioria as mulheres mais velhas e as crianças em geral, que optaram por continuar vivendo na aldeia e, consequentemente, interromperam o processo escolar ou sequer o iniciaram.

Nas tabelas 33 a 39, segue a análise do fenômeno do empréstimo dentro da variável escolaridade. Nessas tabelas, os dados mostram a frequência com que os empréstimos diretos e com alguma adaptação, assim como os empréstimos criados dentro da própria língua, são utilizados pelos Xerente, de acordo com o nível escolar que possuem.

Tabela 33a. Variação conforme escolaridade – NE 3 – "bar"

escolaridade - nível 3	bar	nº de falantes	%
forma(s) utilizada(s) c/ mais frequência	[ˈba]	2	50
outras formas	[rɔmnokuikahurʐɛnoroˈwa]	1	25
	[ş̃ãprɔirevẽdeˈzɛ]	1	25
total		4	100

Tabela 33b. Variação conforme escolaridade – NE 2 – "bar"

escolaridade - nível 2	bar	nº de falantes	%
forma(s) utilizada(s) c/ mais frequência	[ˈba]	3	37,5
outras formas	[kuikuʐɛvẽdeˈzɛ]	2	25
	[duʐɛnɔkuvẽdeˈzɛ]	1	12,5
	[kɨikuʐɛn rɛˈzɛ]	1	12,5
	[kɨikuʐɛnõrõˈa]	1	12,5
total		8	100

Tabela 33c. Variação conforme escolaridade – NE 1 – "bar"

escolaridade - nível 1	bar	nº de falantes	%
forma(s) utilizada(s) c/ mais frequência	['ba]	12	29,24
outras formas	[kuikuzɛvẽde'zɛ]	2	4,88
	[rɔmwahɨvẽde'zɛ]	2	4,88
	[rɔ(m)vẽde'zɛ]	2	4,88
	[kɨwapurevẽde'zɛ]	2	4,88
	[kõzapɔevẽde'zɛ]	1	2,44
	[işõprɔivẽde'zɛ]	1	2,44
	[rɔmakurevẽde'kwa]	1	2,44
	[şomzõprɔivẽde'zɛ]	1	2,44
	[bu'tɛk]	1	2,44
	[heşto'rõt]	1	2,44
	[kuzaikno'zɛ]	1	2,44
	[kuikuzɛkaur'zɛ]	1	2,44
	[kɨikuzɛnõrõ'a]	1	2,44
	[danmõzɛnõrõ'a]	1	2,44
	[rɔmwahɨ'zɛ]	1	2,44
	[rɔmkawr'zɛ]	2	4,88
	[kikaw'rzɛ]	1	2,44
	[rɔmwahɨzakra'zɛ]	1	2,44
	[kɨwapuzakra'zɛ]	1	2,44
	[kuikuzɛn m'zɛ]	1	2,44
	[kuzɛrenõrõ'wa]	1	2,44
	[kuzɛrekaur'zɛ]	1	2,44
não sabe		2	4,88
total		41	100

Tabela 33d. Variação conforme escolaridade – NE 0 – "bar"

escolaridade - nível 0	bar	nº de falantes	%
formas utilizadas	[rɔmzakra'ʐɛ]	1	16,67
	[şinuknmɔ̃rɔ̃'ʐɛ]	1	16,67
	[kuikuẓevẽde'ʐɛ]	1	16,67
	[kɨwapuvẽde'ʐɛ]	1	16,67
	[daşakaur'ʐɛ]	1	16,67
	[rɔmnoro'wa]	1	16,67
total		6	100

Tabela 34a. Variação conforme escolaridade – NE 3 – "panificadora"

escolaridade - nível 3	panificadora	nº de falantes	%
forma(s) utilizada(s) c/ mais frequência	[pada'ri]	2	50
outras formas	[kupakbuvẽde'ʐɛ]	1	25
	[kupawkrɛnoro'wa]	1	25
total		4	100

Tabela 34b. Variação conforme escolaridade – NE 2 – "panificadora"

escolaridade - nível 2	panificadora	nº de falantes	%
forma(s) utilizada(s) c/ mais frequência	[pada'ri(a)]	3	37,5
outras formas	[kupakbuvẽde'ʐɛ]	2	25
	[panifika'dora]	1	12,5
	[kupakbuṛeẓakra'ʐɛ]	1	12,5
não sabe		1	12,5
total		8	100

Tabela 34c. Variação conforme escolaridade – NE 1 – "panificadora"

escolaridade - nível 1	panificadora	nº de falantes	%
formas utilizadas c/ mais frequência	[pada'ri(a)]	13	31,71
	[kupakburẽvẽde'ʐɛ]	6	14,62
outras formas	[kupawkrɛrẽvẽde'ʐɛ]	3	7,31
	['põw]	1	2,44
	[kuktave'de]	1	2,44
	[kupawkrɛrvẽde'kwa]	1	2,44
	[põwvẽde'ʐɛ]	2	4,88
	[põwkrɛvẽde'ʐɛ]	1	2,44
	[daşaĩvẽde'ʐɛ]	1	2,44
	[kuparpẽvẽde'ʐɛ]	1	2,44
	[kupawkrɛrekõpra'ʐɛ]	1	2,44
	[kupakbunɔrɔ'a]	2	4,88
	[kpakburektɨpreʐumʐoĩşom'ʐɛ]	1	2,44
	[kupawkrẽʐapt 're]	1	2,44
	[kupakbureʐakra'ʐɛ]	1	2,44
	[kupakburẽkmə̃nə̃'ʐɛ]	2	4,88
	[kupa'krɛ]	1	2,44
	[kupar'pe]	1	2,44
não sabe		1	2,44
total		41	100

Tabela 34d. Variação conforme escolaridade – NE 0 – "panificadora"

escolaridade - nível 0	panificadora	nº de falantes	%
formas utilizadas	[kupakbuʂõmˈʐɛ]	1	16,67
	[taˈʐi]	1	16,67
	[kupakbuvẽdeˈʐɛ]	1	16,67
	[kupakbuʐakraˈʐɛ]	1	16,67
	[kpakbuɾeknukwamõˈʐɛ]	1	16,67
	[kupakbuɾekmɔ̃nɔ̃ˈʐɛ]	1	16,67
total		6	100

Tabela 35a. Variação conforme escolaridade – NE 3 – "colher"

escolaridade - nível 3	colher	nº de falantes	%
formas utilizadas	[kuĩˈɛ]	2	50
	[daʂaiʐapaˈrʐɛ]	2	50
total		4	100

Tabela 35b. Variação conforme escolaridade – NE 2 – "colher"

escolaridade - nível 2	colher	nº de falantes	%
formas utilizadas	[daʂaiʐapaˈrʐɛ]	5	62,5
	[kuĩˈɛ]	3	37,5
total		8	100

Tabela 35c. Variação conforme escolaridade – NE 1 – "colher"

escolaridade - nível 1	colher	nº de falantes	%
forma(s) utilizada(s) c/ mais frequência	[daşaizapaˈrʐɛ]	19	46,34
	[kuĩˈɛ]	12	29,27
outras formas	[ĩzapaˈrʐɛ]	1	2,44
	[daşɐ̃ĩkamɐ̃rə̃ˈʐɛ]	2	4,88
	[daşaiˈʐɛ]	3	7,31
	[daşaikahkariˈʐɛ]	1	2,44
	[tkazaparˈʐɛ]	1	2,44
	[karɔizaparˈʐɛ]	1	2,44
	[rɔmzapaˈrʐɛ]	1	2,44
total		41	100

Tabela 35d. Variação conforme escolaridade – NE 0 – "colher"

escolaridade - nível 0	colher	nº de falantes	%
formas utilizadas	[daşaiˈʐɛ]	3	50
	[daşaĩzapaˈrʐɛ]	3	50
total		6	100

Tabela 36a. Variação conforme escolaridade – NE 3 – "fósforo"

escolaridade - nível 3	fósforo	nº de falantes	%
forma(s) utilizada(s) c/ mais frequência	[ˈfɔşk]	2	50
outras formas	[kunmɐ̃nkɔˈʐɛ]	1	25
	[kuˈʐɨ]	1	25
total		4	100

Tabela 36b. Variação conforme escolaridade – NE 2 – "fósforo"

escolaridade - nível 2	fósforo	nº de falantes	%
forma(s) utilizada(s) c/ mais frequência	[ˈfɔʂk]	5	62,5
outras formas	[kuˈzɨ]	2	25
	[kuzɨrkɔˈzɛ]	1	12,5
total		8	100

Tabela 36c. Variação conforme escolaridade – NE 1 – "fósforo"

escolaridade - nível 1	fósforo	nº de falantes	%
forma(s) utilizada(s) c/ mais frequência	[ˈfɔʂk]	17	41,46
	[kuˈzɨ]	13	31,7
outras formas	[uɾukɔˈzɛ]	1	2,44
	[daʂaikahɾizɛzaɾõˈzɛ]	1	2,44
	[ĩʂaɾɔˈzɛ]	1	2,44
	[kunmõzaɾõnˈzɛ]	1	2,44
	[kummõrkɔˈzɛ]	2	4,88
	[kuzɨzaɾõˈzɛ]	2	4,88
	[ɾɔmzaɾõˈzɛ]	1	2,44
	[nɾubeˈta]	1	2,44
	[ĩkaɾõˈzɛ]	1	2,44
total		41	100

Tabela 36d. Variação conforme escolaridade – NE 0 – "fósforo"

escolaridade - nível 0	fósforo	nº de falantes	%
formas utilizadas	[ku'zɨ]	2	33,33
	[kunimə̃pɔ'ɾe]	1	16,67
	['fɔʂk]	1	16,67
	[kunmə̃ʐaɾõ'zɛ]	1	16,67
	[ɾɔm'ɾɔ]	1	16,67
total		6	100

Tabela 37a. Variação conforme escolaridade – NE 3 – "botão"

escolaridade - nível 3	botão	nº de falantes	%
forma(s) utilizada(s) c/ mais frequência	[bu'tõ]	3	75
outra(s) forma(s)	[ʂikuʐakmə̃ktɛ'zɛ]	1	25
total		4	100

Tabela 37b. Variação conforme escolaridade – NE 2 – "botão"

escolaridade - nível 2	botão	nº de falantes	%
forma(s) utilizada(s) c/ mais frequência	[bu'to)] ~ [bɔ'tõ]	4	50
	[bu'tõw]	2	25
outra(s) forma(s)	[ʂkuʐapte'zɛ]	1	12,5
não sabe		1	12,5
Total		8	100

Tabela 37c. Variação conforme escolaridade – NE 1 – "botão"

escolaridade - nível 1	botão	nº de falantes	%
formas utilizadas c/ mais frequência	[bu'tõ)] ~ [bɔ'tõ)]	13	31,71
	[bu'tɔ̃w] ~ [bo'tɔ̃w]	6	14,63
	[şikuzaktɛ'zɛ] ~ [şikuzaptɛ'zɛ]	14	34,15
outras formas	[şikuzakmɔ̃ktɛ'zɛ] ~ [şikuzakmɔ̃ptɛ'zɛ]	4	9,75
	[kamiztekmɔ̃(k)te'da]	1	2,44
	[ĩkmɔ̃ktɛ'zɛ]	1	2,44
	[rɔmpte'zɛ]	1	2,44
não sabe		1	2,44
total		41	100

Tabela 37d. Variação conforme escolaridade – NE0 – "botão"

escolaridade - nível 0	botão	nº de falantes	%
forma(s) utilizada(s) c/ mais frequência	[şikuzakmɔ̃ktɛ'zɛ]	2	33,33
outra forma	[bu'tõ)]	1	16,67
	[şikuzawamhɨkreşiwtɔ̃'mɔ̃]	1	16,67
	[danimşkuzaktɛ'zɛ]	1	16,67
	[kritɔireizaptɔ're]	1	16,67
total		6	100

Os dados acima expostos (tabelas 33 a 37) demonstram que o nível de escolaridade é diretamente proporcional à entrada de empréstimos aportuguesados na língua xerente, isto é, quanto maior é o grau de escolaridade dos Xerente, maior é a frequência do uso das formas próximas ou idênticas ao português. Assim, os indígenas com NE 3 e 2 são os que fazem uso com maior frequência dessas formas, seguidos não muito de longe pelos Xerente de NE 1. Os não escolarizados (NE 0), em sua grande maioria, fazem uso das formas criadas dentro da língua xerente.

Entre os Xerente de NE 3, 50% utilizam os empréstimos aportuguesados nas tabelas 33a, 34a, 35a e 36a. Na tabela 37a são 75%.

Quanto aos falantes de NE 2, são 37,5% nas tabelas 33b e 35b; 50% na tabela 34b; 62,5% na tabela 36b e 75% na tabela 37b os que utilizam o mesmo tipo de empréstimos.

Os indígenas de NE 1 que utilizam os empréstimos diretos e adaptados somam 34,1% nas tabelas 33c e 34c; 29,27% na tabela 35c; 41,46% na tabela 36c; e 46,34% na tabela 37c.

Os Xerente de NE 0, pelo contrário, utilizam amplamente os empréstimos criados com elementos já existentes na língua nativa: 100% nas tabelas 33d, 34d e 35d; nas tabelas 36d e 37d são 83,33%.

Nas tabelas 38d e 39d, 50% dos falantes de NE 0 preferem afirmar que não sabem a utilizar a forma idêntica ao português para os numerais 'deis' e 'zero', que não possuem nome definido na língua xerente. Pode-se observar nas mesmas tabelas que as formas similares ao português são amplamente utilizadas em todos os NE's.

Tabela 38a. Variação conforme escolaridade – NE 3 – "deis"

escolaridade - nível 3	deis (NUM)	nº de falantes	%
forma(s) utilizada(s) c/ mais frequência	[ˈdɛiʂ]	3	75
outras formas	[pɔnkwanẽʂiˈptõ]	1	25
total		4	100

Tabela 38b. Variação conforme escolaridade – NE 2 – "deis"

escolaridade - nível 2	deis (NUM)	nº de falantes	%
forma utilizada	[ˈdɛi(ş)]	8	100
total		8	100

Tabela 38c. Variação conforme escolaridade – NE 1 – "deis"

escolaridade - nível 1	deis (NUM)	nº de falantes	%
forma(s) utilizada(s) c/ mais frequência	[ˈdɛi(ş)]	35	85,36
outras formas	[kɾeˈba]	1	2,44
	[şahuˈɾe]	1	2,44
	[dɛiz̧mə̃danĩˈpkɾa]	1	2,44
	[iˈtə̃]	1	2,44
não sabe		2	4,88
total		41	100

Tabela 38d. Variação conforme escolaridade – NE 0 – "deis"

escolaridade - nível 0	deis (NUM)	nº de falantes	%
formas utilizadas	[ˈdɛiş]	2	33,33
	[şahuˈɾɛ]	1	16,67
não sabe		3	50
total		6	100

Tabela 39a. Variação conforme escolaridade – NE 3 – "zero"

escolaridade - nível 3	zero (NUM)	n° de falantes	%
forma(s) utilizada(s) c/ mais frequência	[ˈʐɛɾ(u)]	2	50
outra(s) forma(s)	[mɔnˈkõd]	1	25
	[baˈdi]	1	25
total		4	100

Tabela 39b. Variação conforme escolaridade – NE 2 – "zero"

escolaridade - nível 2	zero (NUM)	n° de falantes	%
forma(s) utilizada(s) c/ mais frequência	[ˈʐɛɾ(u)]	4	50
outras formas	[ĩşaˈpt]	1	12,5
	[nɛmə̃ˈɾĩ]	1	12,5
não sabe		2	25
total		8	100

Tabela 39c. Variação conforme escolaridade – NE 1 – "zero"

escolaridade - nível 1	zero (NUM)	n° de falantes	%
forma(s) utilizada(s) c/ mais frequência	[ˈʐɛɾ(u)]	29	70,73
outras formas	[ɾomkaˈɾɛ]	1	2,44
	[ĩşaptɔˈre]	1	2,44
	[mɔnˈkõd]	3	7,31
	[tahaĩˈgõ]	2	4,88
	[(h)ɾɔmˈba]	2	4,88
não sabe		3	7,32
total		41	100

Tabela 39d. Variação conforme escolaridade – NE 0 – "zero"

escolaridade - nível 0	zero (NUM)	nº de falantes	%
formas utilizadas	[ˈʐɛr(u)]	2	33,33
	[rɔmˈba]	1	16,66
não sabe		3	50
total		6	100

Nos dados expostos neste item, é possível observar, além das variações na utilização de empréstimos de acordo com o nível de escolaridade, também a grande variação dos itens lexicais utilizados para nomear determinado conceito/objeto, principalmente nas tabelas de NE 1 (tabelas 33c, 34c, 35c, 36c e 37c), onde o número de falantes que compõem a amostra é maior. Este fato, observado em todo o capítulo 4 e que compreende justamente a análise quantitativa dos dados, é mais um indicador de que os empréstimos estão entrando numa velocidade muito grande e que não passam mais pelo uso da coletividade, conforme já comentamos anteriormente. Na tabela 33c, por exemplo, há 3 formas diferentes de empréstimos semelhantes às formas portuguesas, 8 formas de *loanblends* e 12 formas de empréstimos criados, num total de 23 formas diferentes utilizadas para se referir a um mesmo conceito. Os *loanblends*, aparecem com bastante variação e em todos os níveis de escolaridade.

A educação escolar indígena, como qualquer estudioso da área admite, é um assunto extremamente complexo. Braggio, (1997, 2000 e 2008, entre outros) chama a atenção quanto à situação diglóssica entre os Xerente, que envolve a língua escrita em português (dominante) e a língua escrita na língua indígena (dominada). Dada a complexidade do problema, não nos arriscamos aqui a apontar soluções. Pelo contrário, reiteramos as questões levantadas por Braggio (2008, p. 18):

> É possível dissolver esta diglossia? É possível que haja nichos/domínios/funções/discursos nas comunidades indígenas abertos à instauração da língua escrita em Português [...], sem desestruturar as formas do conhecimento tradicional?

A autora cita o exemplo dos Navajos, que mesmo com uma população de 350 mil pessoas e uma quantidade abundante de estudos e materiais escritos na língua, não conseguiram manter a língua nativa como L1 num espaço de 20 anos. Em seguida, Braggio (op. cit., p. 18) completa seu raciocínio:

> [...] a par de cada situação sociolinguística de cada grupo indígena, e eu estou falando aqui de tipologia sociolinguística, é preciso descobrir como os efeitos negativos poderão não desestruturar os positivos e que, a educação escolar, por ser específica para cada grupo étnico, deixe de lado a noção de "índio genérico", dadas as mais diversas situações sociolinguísticas, políticas, culturais, ideológicas, econômicas etc., a fim de que se possa atuar sobre aqueles aspectos extralinguísticos que fazem com que um povo indígena deixe de passar a sua língua para a próxima geração, ou seja, das suas atitudes frente a um mundo real cada vez mais complexo e das reais necessidades que cada povo indígena tem de uma dada área do conhecimento ou áreas do conhecimento.

(Footnotes)
1. A abreviação FUCMF – forma(s) utilizada(s) com mais frequência – será utilizada neste item para economia de espaço na tabela.
2. A forma [ˈhEk] está destacada porque trata-se de um empréstimo adaptado de "reca" [ˈhEka], forma regional utilizada para o conceito "zíper".

Considerações Finais

Este livro procurou fazer uma descrição e análise dos empréstimos linguísticos do português para a língua xerente, buscando explorar os aspectos linguísticos e extralinguísticos dos dados, no intuito de observar a relação deste fenômeno com a realidade de obsolescência linguística da língua indígena, dada a atual situação de contato sociocultural. Para maior abrangência de tal investigação, buscou-se trazer à tona os principais traços da realidade social Xerente e demonstrar a forma com que esta realidade está refletida na língua através dos empréstimos.

Quanto aos aspectos linguísticos, foram identificados quatro tipos de empréstimos: i) por criação; ii) *loanblends*; iii) com adaptações fonético/fonológicas e iv) diretos.

Os empréstimos diretos e adaptados foram aqui considerados como mais "aportuguesados", por serem as formas que representam um menor esforço por parte do falante para introduzir um novo termo em sua língua. Os diretos são idênticos às formas portuguesas, inclusive com a utilização de fonemas que não ocorrem na língua xerente e os adaptados fonologicamente são muito próximos.

Os *loanblends* representam um meio termo quanto aos tipos de empréstimos que os Xerente utilizam, assim como a forma da sua constituição: uma parte da língua nativa e outra do português. Este tipo de empréstimo é amplamente utilizado pelos Xerente e apresenta grande variação na sua constituição estrutural, podendo aparecer de formas diversificadas até para representar um mesmo conceito.

Os empréstimos criados com elementos preexistentes na língua xerente apresentam uma considerável complexidade estrutural e obedecem à gramática (fonética, fonologia, morfologia e sintaxe) da língua indígena. Apesar de observar sua utilização em todas as células sociolinguísticas propostas para a análise das variáveis extralinguísticas no capítulo 4, verificou-se também que seu uso é mais abrangente em algumas células e menos em outras, dentro de cada variável analisada.

As variáveis extralinguísticas que se demonstraram mais relevantes no refinamento da análise foram: I) espaço; II) idade; III) sexo e IV) escolaridade. Entre estas, a de menor expressão é a variável sexo. As demais podem ser consideradas de relevância similar, uma vez que as células extremas, em cada variável, apontam um comportamento oposto quanto à adoção de empréstimos do português.

Na análise da variável espaço, conclui-se que os empréstimos diretos e adaptados são mais comuns na cidade enquanto que os empréstimos criados ocorrem com maior frequência no espaço da aldeia.

Em relação à idade, são os +velhos quem fazem maior uso das formas criadas dentro da própria língua, seguida pelas gerações seguintes: +-jovens, +jovens e crianças, nesta ordem. Desta forma, quanto mais jovens, maior é o uso das formas aportuguesadas. Há um enorme distanciamento entre a geração mais jovem e os anciãos xerente, ao ponto de muitas vezes não se compreenderem. Tal fato causa enorme preocupação quanto à vitalidade da língua indígena, uma vez que será a variedade falada por estes jovens que será repassada às próximas gerações.

Quanto ao sexo, numa perspectiva geral, os homens e mulheres xerente utilizam os empréstimos aportuguesados com uma frequência similar. No entanto, no cruzamento dos dados com a variável idade, verificou-se que as mulheres +jovens abandonaram uma postura de maior resistência à entrada de formas mais próximas ao português em relação aos homens, fato que pode ser observado como uma característica da geração anterior (+-jovens).

Na última variável analisada, observou-se que quanto maior é o grau de escolaridade dos Xerente, maior é a frequência do uso das formas próximas ou idênticas ao português. Esta diferença é melhor visualizada entre os escolarizados (NE 3, 2 e 1) e os não escolarizados (NE 0), isto é, entre os que já frequentaram a escola e os que nunca frequentaram.

De uma forma sucinta, é possível dizer que os empréstimos aportuguesados são mais comuns entre as crianças e os Xerente +jovens, que vivem na cidade e que têm maior grau de escolaridade.

Também é possível dizer que as formas criadas com elementos da língua nativa são de uso mais amplo dos indígenas +velhos, que vivem na aldeia e com pouca ou nenhuma escolaridade.

De fato, a realidade social xerente, de migração, dispersão interna e escolarização através do português é uma das pontencializadoras da invasão da língua xerente Akwẽ pelo português.

Na cidade, o modelo cultural não índio vem sendo "socialmente imposto", principalmente entre as crianças e adolescentes, no sentido de assim obterem aceitação social, o que, consequentemente, acelera o processo aculturativo. Neste espaço de conflito diglóssico, a língua indígena é estigmatizada e enfraquecida, ficando a sua complexidade estrutural e funcional vulnerável à entrada da língua dominante. As palavras do jovem Lázaro Xerente, que vive em Tocantínia, onde trabalha e acompanha os filhos que ali estudam, traduzem um pouco desta realidade quando fala da vida que leva na cidade: "*nós temos uma preocupação com a nova geração que tá vindo, mas, é isso mesmo... nós tem que se adaptá e (ter) adequação pra situação que ta aí*" (Diário de campo, setembro de 2007).

A educação escolar xerente está longe de alcançar um patamar que atenda às necessidades de seu povo. Mesmo que saibamos que a educação escolar por si só não garante a perenidade das línguas, a educação diferenciada, garantida pela Constituição de 1988, parece ter ficado somente no papel. Os materiais em língua xerente são escassos e a escolarização se dá basicamente em português. Dessa forma, é inevitável que um número grande de palavras novas da língua majoritária entre no repertório das crianças cotidianamente, principalmente nas disciplinas para as quais não existe material na língua indígena (ciências, matemática, geografia, história), além dos próprios objetos que fazem parte do contexto escolar.

A grande divergência das respostas dadas para um mesmo conceito/objeto (há exemplos, como na tabela 33c, em que há mais de duas dezenas de formas diferentes utilizadas para se referir a um mesmo conceito) confirma a hipótese de Braggio (2008), de que os empréstimos não estão passando mais pelo uso coletivo. A dispersão areal dentro da reserva e para fora dela, assim como o afastamento sociocultural e ideológico entre as gerações, parecem ser os principais motivos para que isso ocorra. Enquanto o povo xerente era mais coeso e em menor número, parecia haver tempo para que os novos termos passassem pelo filtro da língua, através dos mais velhos e assim eram adotados por todos. Este fato, aliado à constatação de que os empréstimos estão entrando numa velocidade muito grande, pode ser considerado um sério indício de que a língua se encontra em estado de desvitalização.

Espero neste livro, através do estudo dos empréstimos, ter fornecido indícios significantes para clarear a atual situação sociolinguística e, consequentemente, a situação cultural e política do povo xerente Akwẽ) e que, de alguma forma, possa ter sido satisfeita a vontade do jovem xerente: "*...a gente espera assim, quando tiver algum material concluído dentro do seu trabalho, espera esse retorno, assim pra ajudar nossas crianças, nossos professores... aquele material*" (Lázaro Xerente, diário de campo, setembro de 2007).

Apesar da atual situação em que a língua se encontra, é importante salientar que o povo indígena xerente demonstra ter consciência da importância da preservação de sua identidade, cultura e língua, tanto que muitos dos que estão estudando na cidade planejam voltar para suas aldeias a fim de ali aplicar o conhecimento que absorveram a favor de seu povo. Esta consciência e preocupação parece ser ainda maior entre os mais velhos, atitude que pode ser observada em muitos exemplos, quando preferem afirmar que não sabem nomear um objeto/conceito a responder com a forma portuguesa, mesmo que a utilizem em seu cotidiano. Esse sim deve ser considerado um passo importante para o fortalecimento da identidade étnica e para que sejam buscados, criados e implantados projetos de (re)afirmação e (re)vitalização de sua língua e de sua cultura.

Concluo este livro na voz do cacique Raimundo Sõpre Xerente, que expressa um sentimento geral de seu povo: "*nós pode tirá o que tem de melhor da cultura do branco, mas nós não pode perdê a nossa... muito menos a nossa língua*" (Diário de campo, julho de 2005).

Referências

AGUIAR, M. S. de. Os empréstimos na língua Katukina. In: I Seminário Nacional de Linguística e Língua Portuguesa (Discurso, Sociedade e Ensino). **Anais**. Goiânia: Cegraf, 1995, p. 82-85.

ALBÓ, X. El futuro de los idiomas oprimidos. In: Eni Orlandi (ed.). **Política Linguística na América Latina**. Campinas: Pontes, 1988, p. 75-104.

_____. **Desafíos de la Bolivia plurilíngue**. In: Hersfeld e Lastra (orgs.). Sonora, MX: Universidad de Sonora, 1999, p. 223-243.

ALVES, I. M. A integração dos neologismos por empréstimo ao léxico português. **Alfa**, São Paulo, v. 28, p. 119-126, 1989.

_____. **Neologismo**: criação lexical. São Paulo: Ática, 1990.

ANDRADE, P. H. G. Descrição e análise de alguns aspectos fonéticos e fonológicos do português falado pelos Xerente – aportes sociolinguísticos. In: IX Colóquio de Pesquisa e Extensão da UFG. Goiânia, 5 a 7 de março de 2008. Goiânia: UFG, 2008.

ARONOFF, M. **Word Formation in Generative Grammar**. Cambridge, Mass., The MIT Press, 1976.

BAINES, S. G. As chamadas « aldeias urbanas » ou índios na cidade. **Revista Brasil Indígena**, Brasília/DF, Ano I, n. 7, 2001.

BORGES, M. V. O Empréstimo como Mecanismo de Ampliação Lexical. **Revista do Museu Antropológico**, Goiânia, v. 2, n. 1, p. 135-150, 1998.

BRAGGIO, S. L. B. Situação sociolinguística dos povos indígenas de Goiás e Tocantins: subsídios educacionais. **Revista do Museu Antropológico**, Goiânia: UFG, v. 1, n. 1, 1992.

_____. Aquisição e Uso de duas Línguas: Variedades, Mudança de Código e Empréstimo. **Boletim da Associação Brasileira de Linguística**, Maceió, n. 20, p. 139-172, 1997.

_____. Contato entre Línguas: Subsídios para Educação Escolar Indígena. **Revista do Museu Antropológico**, Goiânia, v. 2, n. 1, p. 121-134, 1998.

_____. A Instauração da Escrita Entre os Xerente: Conflitos e Resistências. **Revista do Museu Antropológico**, Goiânia, v. 3/4, n. 1, p. 9-45, 2000.

_____. Línguas indígenas brasileiras ameaçadas de extinção. **Revista do Museu Antropológico**, Goiânia, v. 5/6, p. 9-54, 2002.

_____. **Línguas indígenas brasileiras ameaçadas de extinção**: documentação (descrição e análise) e tipologias sociolinguísticas. Projeto de Pesquisa CNPq, processo 501337/2003-2. Goiânia: UFG, 2003a.

_____. Políticas e direitos linguísticos dos povos indígenas brasileiros. **Signótica**, Goiânia, v. 14, n. 1, p. 129-146, 2003b.

_____. A Instauração da Escrita Entre os Xerente: Conflitos e Resistências. **Revista do Museu Antropológico**, Goiânia, v. 3/4, n. 1, p. 9-45, 2000.

_____. Línguas indígenas brasileiras ameaçadas de extinção. **Revista do Museu Antropológico**, Goiânia, v. 5/6, p. 9-54, 2001/2002.

_____. Um Estudo Tipológico Sociolinguístico dos Xerente Akwẽ): Questões de Vitalização. In: Ofir Bergmann de Aguiar (org.). **Região, Nação, Identidade**. Goiânia: AGEPEL: Instituto Centro-Brasileiro de Cultura, 2005a, p. 165-183.

_____. Revisitando a fonética/fonologia da língua Xerente Akwẽ): uma visão comparativista dos dados de Martius (1886) a Maybury-Lewis (1965) como os de Braggio (2004). **Revista Signótica**, Goiânia, v. 17, n. 2, p. 251-273, 2005b.

_____. Línguas Indígenas Ameaçadas: documentação, tipologias sociolinguísticas e educação escolar. In: Denise E. G. da Silva (org.). **Língua, Gramática e Discurso**. Editora Cânone/GELCO, 2006, p. 43-53.

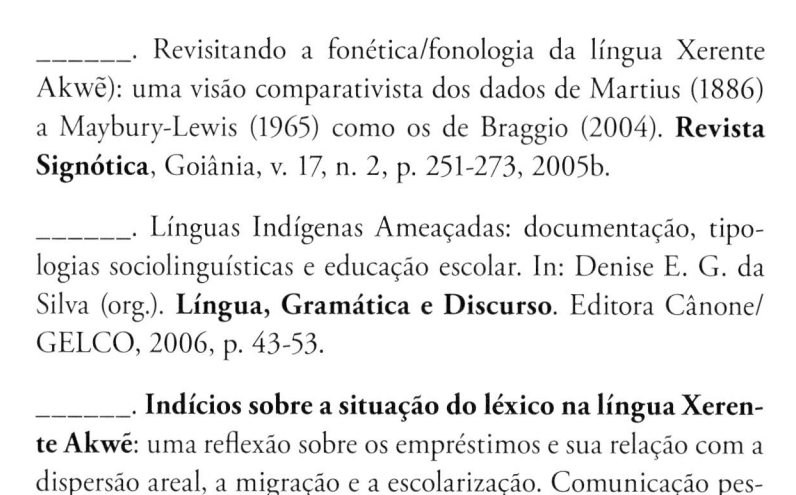

_____. **Indícios sobre a situação do léxico na língua Xerente Akwẽ**: uma reflexão sobre os empréstimos e sua relação com a dispersão areal, a migração e a escolarização. Comunicação pessoal, ainda não publicado, 2008.

BRASIL (1988). **Constituição da República Federativa do Brasil**: promulgada em 5 de outubro de 1988: atualizada até a Emenda Constitucional n. 20, de 15-12-1998. 21. ed. São Paulo: Saraiva, 1999.

CAMARA JR., J. M. **Introdução às línguas indígenas brasileiras**. Rio de Janeiro: Ao Livro Técnico, 1977.

_____. **Dicionário de Linguística e Gramática**. Ed. Petrópolis: Vozes, 1991.

CARVALHO, N. **Empréstimos Linguísticos**. São Paulo: Ed. Ática, 1989.

CRISTÓFARO-SILVA, T. Morte de Língua ou Mudança Linguística? Uma Revisão Bibliográfica. **Revista do Museu Antropológico**, Goiânia, v. 5/6, p. 55-73, 2001/2002.

FARIAS, A. J. T. **Fluxos Sociais Xerente** – organização social e dinâmica entre as aldeias. 1990. Dissertação de Mestrado – São Paulo: USP.

FERREIRA, M. Descrição de aspectos da variante étnica usada pelos parkatêjê. **DELTA**, São Paulo, v. 21, n. 01, 2005.

FISHMAN, J. The Relationship between Micro- and Macro-sociolinguistics in the Study of Who Speaks What Language to Whom and When. **Journal of Social Issues**, v. 23, n. 3, p. 15-31, 1968.

_____. **The sociology of language**. Rowley: Newbury House, 1972.

GODENZZI, J. C. Equidad en la diversidad. Reflexiones sobre educación e interculturalidad en los Andes y la Amazonia. In: Godenzzi, Carpo & Helberg (orgs.). **Interculturalidad**. Peru: Proebi, 2000, p. 37-49.

GRANNIER, D. M. & SOUZA, S. L. Fonologia Segmental da língua Xerente. In: **Simpósios Integrados de Letras – Linguagem**: múltiplos olhares. Goiânia, 5 a 7 de outubro de 2005. Goiânia: UFG, 2005.

GRENOBLE, L. A.; WHALEY, L. J. **Endangered languages**. Cambridge: Cambridge University Press, 1998.

GROSJEAN, F. **Life With Two Languages**: an Introduction to Bilingualism. Harvard University Press, 1982.

GUILBERT, L. **La créativité lexicale**. Paris: Larousse, 1975.

GUIMARÃES, S. M. G. **A Aquisição da Escrita e Diversidade Cultural** – A Prática de Professores Xerente. 1996. Dissertação de Mestrado em Ciências Sociais e Humanas – Brasília: UnB.

HAMEL, R. E. La política del lenguaje y el conflito interétnico – Problemas de investigación sociolinguística. In: Eni Orlandi (ed.). **Política Linguística na América Latina**. Campinas: Pontes, 1988, p. 41-74.

HYMES, D. **Foundations in sociolinguistics** – an ethnographic approach. 9. ed. Philadelphia: University of Pennsylvania Press, 1994.

KRIEGER, W. B.; KRIEGER, G. C. **Dicionário escolar**: Xerente-Português-Xerente. Rio de Janeiro: Junta das Missões Nacionais da Convenção Batista Brasileira, 1994.

LOPES DA SILVA, A.; FARIAS, A. T. P. Pintura corporal e sociedade: os "partidos" Xerente. In: VIDAL, Lux (org.). **Grafismo Indígenas** – estudos de Antropologia Estética. 2. ed. São Paulo: Studio Nobel: FAPESP: USP, 2000.

LUNARDI, E. A. **O Xerente**: direito, vida e resistência. 1997. Dissertação de Mestrado – Goiânia: UFG.

LUZ, E. M. **Em Busca do Passado Perdido**: uma análise estruturalista dos mitos sobre três heróis culturais Akwẽ)-Xerente. 2005. Dissertação de Mestrado – Brasília: UnB.

_____. Os heróis civilizadores na cosmologia Akwẽ)-Xerente. In: RODRIGUES, A. D. & CABRAL, A. S. (orgs.). **Línguas e culturas Macro-Jê**. Brasília: Editora da UnB, 2007, p. 163-173.

MATTOS, R. de. **Fonêmica Xerente**. (Série Linguística 1). Brasília: SIL, 1973.

MAYBURY-LEWIS, D. On Martiuʌs distinction beteween Shavante and Sherente. **Revista do Museu Paulista**, São Paulo: USP, v. XVI – nova série, p. 16-43, 1965/66.

McMAHON, A. M. S. **Understanding language change**. Cambridge: Cambridge University Press, 1994.

MELLO, H. A. B. de. **O falar bilíngue**. Goiânia: Ed. da UFG, 1999.

MESQUITA, R. **Migração e Usos/Atitudes da Língua Xerente Akwẽ na Cidade**: um Estudo Sociolinguístico dos Xerente em Tocantínia. 2006. Monografia – Faculdade de Letras, Universidade Federal de Goiás.

MORI, A. C. Apresentação à Educação Indígena e interculturalidade. In: MORI, Angel; NASCIMENTO (orgs.). **Educação Indígena**. Campinas/SP: CEDES/UNICAMP, 1999, p. 5-10.

NETTLE, D. & ROMAINE, S. **Vanishing Voices**. The extincion of the worlds languages. Oxford: Oxford University Press, 2000.

NIMUENDAJÚ, C. **The Xerente**. Los Angeles: L. A. Press, 1942.

OLIVEIRA, A. M. R. Acesso ao léxico e alternância de línguas em bilíngues. **Revista Educação & Comunicação**, Viseu, v. 7, p. 86-101, 2002.

OLIVEIRA, G. M. de. Ìndios Urbanos no Brasil e a Política Linguística. 2000. Disponível em: <www.ipol.org.br>. Acesso em: set. 2005.

OLIVEIRA, L. M. de; SIQUEIRA, A. A. V. B.; CONRADO, C. A.; BARBOSA, F. J.; SILVA, I. C. L. da. **Empréstimo Linguístico**. Uma Atualização Lexicográfica. UNESA, 2005. Disponível em: <www.filologia.org.br>.

OLIVEIRA-REIS, F. C. Onomástica tradicional e de contato entre os Xerente. In: XXII Reunião Brasileira de Antropologia, 2000, Brasília. XXII Reunião Brasileira de Antropologia, 2000.

ORLANDI, E. P.; SOUZA, T. C. C. de. A língua imaginária e a língua fluida: dois métodos de trabalho com a linguagem. In: Eni Orlandi (ed.). **Política Linguística na América Latina**. Campinas: Pontes, 1988, p. 27-40.

ROCHA, L. C. de A. **Estruturas Morfológicas do Português**. Belo Horizonte: UFMG, 1998.

RODRIGUES, A. D. **Línguas Brasileiras**: para um conhecimento das línguas indígenas. São Paulo: Loyola, 1986.

_____. Línguas Indígenas: 500 anos de Descoberta e Perdas. **D.E.L.T.A**. 9(1), São Paulo: ABRALIN, p. 83-103, 1993.

ROMAINE, S. **Bilingualism**. 2. ed. Oxford: Blackwell, 1995.

SANDALO, M. F. S. Morfologia. In Mussalim, F. & Bentes, A. C. (orgs.). **Introdução à Linguística**. São Paulo: Cortez, 2003, p. 181-206.

SANTOS, K. dos. Renovação lexical e empréstimo linguístico entre os karajá. **Revista Humanitas**, Palmas, v. 2, p. 19-23, 2000.

SIQUEIRA, K. M. de Freitas. **Aspectos do substantivo na língua Xerente**. 2003. Dissertação de Mestrado – Goiânia: UFG.

SOUSA FILHO, S. M. **Aquisição do Português Oral pela Criança Xerente**. 2000. Dissertação de Mestrado – Goiânia: UFG.

_____. **Aspectos Morfossintáticos da Língua Akwé-Xerente (Jê)**. 2007. Tese de Doutorado – Goiânia: Faculdade de Letras, Universidade Federal de Goiás.

SOUZA, S. L. **Descrição Fonético-fonológica da Língua Akwẽ-Xerente**. 2008. Dissertação de Mestrado – Brasília: UnB.

TARALLO, F. **A Pesquisa Sociolinguística**. São Paulo: Ed. Ática, 2003.

TEIXEIRA, R. A. F.; BRAGGIO, S. L. B.; POLECK, L.; TAVEIRA, E. L. de M. **Projeto de educação indígena para o Estado do Tocantins**. Palmas: SEE/TO, 1992.

VIEIRA, R. P. F. **O papel da língua nativa na aquisição de uma segunda língua escrita na escola indígena Xerente, Waikarnáse**. 2005. Dissertação de Mestrado – Goiânia: UFG.

Título	Empréstimos Linguísticos do Português em Akwẽ-Xerente
Autor	Rodrigo Mesquita
Coordenação Editorial	Kátia Ayache
Assistência Editorial	Marina Vaz
Capa e Projeto Gráfico	Marcio Arantes Santana de Carvalho
Preparação	Stephanie Andreossi
Revisão	Isabella Pacheco
Formato	14 x 21 cm
Número de Páginas	156
Tipografia	Adobe Garamond Pro
Papel	Alta Alvura Alcalino 75g/m^2
Impressão	Psi7
1ª Edição	Maio de 2014

Caro Leitor,

Esperamos que esta obra tenha correspondido às suas expectativas.

Compartilhe conosco suas dúvidas e sugestões escrevendo para:

autor@pacoeditorial.com.br

Compre outros títulos em

WWW.LIVRARIADAPACO.COM.BR

Paco Editorial

Av. Carlos Salles Block, 658
Ed. Altos do Anhangabaú, 2º Andar, Sala 21
Anhangabaú - Jundiaí-SP - 13208-100
11 4521-6315 | 2449-0740
contato@editorialpaco.com.br